小川榮太郎

『永遠の0《ゼロ》』と日本

GS
幻冬舎新書
331

……時は昭和三十三年

「なぜいにしえの日本に興味をお持ちですか？」

「武士道なるものを興した日本民族が、騎士道を興した我々フランス人にとって、どうして無意味なはずがございましょうか？」

しばし、間。昭和天皇は、またも絨毯に視線を落としておられるが、

「ああ、そう……　あなたがこの国に来られてまだ間もないということもあるでしょうけれど。しかしあなたは、日本に来られてから、武士道のことを考えさせるようなものをひとつでも見たことがありますか？　たったひとつでも？」

――アンドレ・マルロー『反回想録』竹本忠雄訳

『永遠の0《ゼロ》』と日本人／目次

DTP 美創

本書は映画・小説『永遠の0《ゼロ》』、映画『風立ちぬ』『終戦のエンペラー』のあらすじ並びに結末に言及しています。

はじめに

「『お母さん、お母さん、お母さん！』母上が面会に来て下さったあの時、心の中で声にならぬ叫びをずっと叫び続けておりました」そう書き残し、散った特攻隊員がいる。

「天皇陛下万歳！　君の為に死す、何という光栄でありましょう」と遺言して散った特攻隊員もいる。

無数の国民が精根を込めて戦った。三百十万人の日本人が命を落とした。そのうち、戦場に斃《たお》れた日本兵は二百三十万人。

昭和二十年八月十五日、昭和天皇の玉音放送を拝し、敗北を知った八千万人の日本国民は、ただただ慟哭《どうこく》するのみであった。

特攻作戦の最高責任者であった大西瀧治郎中将は、終戦の翌日切腹した。「特攻の英霊に曰す／善く戦ひたり深謝す／最後の勝利を信じつゝ肉弾として散華せり　然れ共其の信念は遂に達成し得ざるに至れり／吾死を以て旧部下の英霊と其の遺族に謝せんとす……」と書き残し、介錯を断り、自らの血の海の中で十数時間の苦痛を味わいつつ、穏やかな微笑を浮かべて死んでいった。

開戦時の首相東条英機は、東京裁判で、自分は天皇と日本国民に対する敗戦責任は負うが、連合国に対する戦争責任は存在しないと主張して譲らず、アメリカ人検事キーナンを圧した。

その昭和天皇は、昭和六十三年八月十五日、痩せ衰えた病身に鞭打つように全国戦没者追悼式に出席され、「先の大戦において、戦陣に散り、戦禍に斃れた数多くの人々やその遺族を思い、今もなお、胸が痛みます」と述べられた。何という万感がその一語一語に籠《こ》もっておられたことか。黙禱する天皇の頰を涙が伝わる。その五カ月後、昭和天皇は崩御され、激動の昭和が終わった。……

本書は、各章ごとに、小説『永遠の0《ゼロ》』や映画化された『永遠の0《ゼロ》』、宮崎駿監督の長編アニメ引退作品となった『風立ちぬ』などを取り上げているが、通常の意味での、いわゆる評論とはいささか違う。

小説『永遠の0《ゼロ》』は、三百五十万部を超える大ベストセラーだ。多くの読者に迎え入れられているのは、作品そのものに有無を言わさぬ力があるからに違いない。批評家があえてその美質を褒め立てる必要もなければ、作品論を仕立てる必要もあるまい。『罪と罰』『魔の山』『豊饒の海』『薔薇の名前』には批評が不可欠だが、『宮本武蔵』や『竜馬がゆく』にそれは必要ない。読者は夢中になって作品に身を委ねればいい。作者による充分なもてなしが読者を待っている。

『永遠の0《ゼロ》』は後者に連なる作品であり、百田尚樹氏にとってはデビュー作であるにもかかわらず、既に一流の仕事である。その上、映画『永遠の0《ゼロ》』が、小説をこれ以上ないほど、美しく気高く描き直してくれている。小説を読んで感動した読者であれば、映画は何と言っても見るだろうし、映画を先に見て感動した人には、原作がどんな作品かを一から読む楽しみが待っている。

映画『永遠の0《ゼロ》』は、小説『永遠の0《ゼロ》』の緊張感のない単なる引き写しではない。映画として桁外れの美と独創と強烈過ぎる感動を見る人に約束する。一方、映画を見た者が、あらためて小説を丁寧に読み直したとき、この両者の間に、実は重大なずれと埋め難い亀裂が走っていることに気づくはずだ。

もし、そのずれは何なのかが気になりだしたら、その人はどうしてももう一度映画館に足を運び――公開期間が終わればＤＶＤを借りるなり買うなりして――、映画『永遠の0《ゼロ》』の感動がどういうものだったかを確かめ直したくなるだろう。

こうして、書物と映画とが互いに互いを補い合う、これは表現の世界で、実は非常に稀《まれ》なことだ。

そして、書物と映画との交点に、徐々に浮かび上がるのは「あの戦争は何だったのか？　そして今なお、私たち日本人を強く拘束する何であり続けているのか？」という問いである。

*

不思議なことが続いている。

そもそも小説『永遠の0《ゼロ》』は、なぜこんなにも売れ続けているのか。出版不況が言われて久しい現代では、一冊の書物が三百五十万部売れるというだけで、既に全く例外的な現象だ。朝日新聞の部数が八百万部、毎日新聞で三百四十万部、都心の通勤電車で最も見かける日本経済新聞で三百万部である。雑誌に至っては今実売部数一位の週刊文春でさえ七十万部を切る。『永遠の0《ゼロ》』の三百五十万部が、どれほど異常な数字か想像がつくであろう。

だが、驚異なのは数字以上にその内容だ。これだけ売れた本が、ハウツーものでも、村上春樹氏のように既に名声を確立した作家が周到なマーケティングによって売り出した作品でもなかった。それどころか、この本は、まさに『永遠の0《ゼロ》』がヒットするまで無名に近かった作家による、戦争を扱った小説なのである。

それもお涙頂戴の戦争メロドラマではない。大東亜戦争――いわゆる教科書やテレビで太平洋戦争と呼ばれている戦争の、日本側の正式な呼び名である。本書では一貫して大東亜戦争の呼称を用いる。その理由は本書の中で説明する——でのアメリカとの激戦シーンの続く、男たちの物語だ。真珠湾攻撃に始まり、日本が英米を相手に圧勝を重ねて太平洋を制覇し、残念ながら翌年の夏のミッドウェー海戦の敗北から、逆に厳しい戦いを強いられてゆく。戦争のプロセスがそのまま小説の展開だ。それも題名の「0《ゼロ》」が示すようにゼロ戦＝零戦という、日本が世界に誇るスーパー戦闘機に乗る飛行機乗りたちを主人公にした、生々しい戦場小説なのである。

辛口のテイストどころか、戦争マニアしか寄りつかない激辛な作品であるはずだ。

その『永遠の0《ゼロ》』が、大手新聞以上の読者を獲得した。

さらに、不思議な現象は続く。

『永遠の0《ゼロ》』の部数が猛烈に伸び続けていた平成二十五年の夏、宮崎駿監督の『風立ちぬ』が公開されたが、この映画の主人公は堀越二郎、まさに零戦の設計者その人だったのである。宮崎氏は『風の谷のナウシカ』以来、一貫して夢溢れるフィクションに固執してきた人だ。その宮崎氏が、まるで符節を合わせるように、零戦を主役とする映画を世に問うた。しかも、それが氏の長編アニメからの引退作品だという。

さらに——。

『風立ちぬ』と同時に、アメリカ映画『終戦のエンペラー』も公開された。昭和二十年八月三十日のマッカーサー元帥の厚木基地上陸から、一月ほどの間のアメリカ占領軍と日本の指導者たちとの攻防を描き、昭和天皇とマッカーサー元帥の歴史的会見をラストシーンに据えた映画である。そして、この冬『永遠の0《ゼロ》』が映画となって世に問われる。

『風立ちぬ』という大東亜戦争の前史、『永遠の0《ゼロ》』という戦史、『終戦のエンペラー』という戦後占領史が、まるで三部作のように揃い踏みすることになる。それぞれの映画への、私の評価はともかく、いずれも、総力で作られた力作だ。

小説や映画の外では、さらに大きな、日本そのものの変化も始まっている。

日本人の信仰の源泉である神社の世界で、二十年に一度の、伊勢神宮の式年遷宮が執り行われた。伊勢は、言うまでもなく、我が国皇室の祖先である天照大御神《あまてらすおおみかみ》を祭神とし、皇室と日本の安寧の中核となる神聖な場である。さらに、天皇家に国を譲って出雲に身を引いた大国主命を祀《まつ》る出雲大社の大遷宮も六十年ぶりに行われた。霊場として神道の奥義を伝える熊野神社は正遷座百二十年の大祭だった。さらに熱田神宮で、御皇室に伝わる三種の神器のうち、武を象徴する草薙の剣が祀られた創祀からの千九百年大祭が挙行された。これだけ重大な神道の行事が重なった年は、日本史上初めてだろう。

一方世俗の世界では第二次安倍晋三政権が誕生した。安倍氏は、停滞していた日本経済を、アベノミクスによって建て直し、東京オリンピックの誘致に成功したが、それだけではない。

民主党政権によって崩壊しかかっていた安全保障を短時日に取り戻した。その上、迫りくる中国の尖閣・沖縄への軍事的脅威に対抗して、国家安全保障会議（NSC）の創設、集団的自衛権の行使による、日米安保条約の現実に運用可能な状況作りを進め、「積極的平和主義」をキーワードとして、世界の中での日本の役割を再定義し始めた。

安倍政治への評価は人により様々であっていい。肝心なことは、今、誰が政治をやるにせよ、日本は、大東亜戦争敗戦以来のあり方を根本から見直し、新たな日本像を描き直す挑戦をしなければ、立ち行かなくなっているということだ。

こうした時期に、大東亜戦争についての小説が大ベストセラーになり、戦争を扱った力作映画が立て続けに出現した。

本書は、そうした時代状況の中、上記の諸作品を読み解きつつ、その読み解きを通じて、大東亜戦争とは何だったのか、また、その敗戦から生まれた戦後日本、その延長にある私たちの現在とは何なのかを見つめ直す試みである。

第一章では、映画『永遠の0《ゼロ》』を最初見たときに覚えた私の違和感、不信感をあえて議論の起点にした。その上で、二度目に同じ映画を見たときに、逆に圧倒的な感動に襲われた理由を解き明かす。続く第二章では、『風立ちぬ』という優れた芸術映画で、宮崎監督が何を描き、何から逃げてしまったかを問い、第三章では『終戦のエンペラー』を通じて、日米戦争が起きた真の理由、そしてアメリカ占領軍によって戦後日本がどのように変質させられたかを考える。これらの作品を読み解いてきた目に、今度は原作『永遠の0《ゼロ》』がどう見えるかに戻るのが、第四章である。

そして、最終章では、物語化された戦争、物語化された特攻隊ではなく、歴史上の特攻隊とは何だったのか、その実像にできるだけ近づいてみたい。

そのとき、我々に見えてくるのはおそらく、真実の特攻隊だけではないだろう。戦争の実像だけでもない。人間とは何か、戦争とは何か、平和とは何かへの、若くして戦場に散った勇士たちからの、どこまでも静かで深いメッセージが聞こえてくるはずである。

第一章　戦争は単なる悪なのか

——映画『永遠の0《ゼロ》』が照らし出す亀裂

あの日、真珠湾は美しかった

何と壮大な空の青であり、海の紺碧であろうか。

静かな荘厳と華麗とが、青と濃紺との光の交響が、画面一杯に広がり、太平洋を航行中の空母赤城が、海上を爽快に疾駆する。

場面は、空母への、戦闘機の着艦訓練のようだ。

次々に舞い降りるのは、日本の誇る零戦であろう。翼に輝く日の丸が目を射る。機体は、シンプルだ。美しい曲線の、しなる生き物のようだ。精悍《せいかん》な鷹と言うよりも、しなやかな鳶のように、鋭いよりも優しい。

古来戦争は武人同士の単騎での戦いと、組織化された兵隊同士の大量殺戮《さつりく》との、二つの方法を往復してきた。その中で、第二次世界大戦における日米の空戦は、昔ながらの、武人同士の一騎打ちの二十世紀バージョンだったと言えよう。

とりわけ零戦という、当時の世界水準をはるかに抜く高性能の戦闘機が発明されてからは、日本の戦闘員は零戦と一体化し、空戦をほとんど芸術に高めた。

零戦の美しさは最高度に繊細な日本刀の美しさに通じる。零戦そのものが日本の武士道の、二十世紀に甦った象徴だったと言ってもいい。武器と戦闘員とが一体となって、一機ごとに敵と渡り合う、こんな戦いは、もしかすると、もう人類最後のものだったかもしれない。映画『永遠の0《ゼロ》』は、その零戦の勇姿を、まるで今この瞬間の現実のように見せる。とにかく美しい映画なのである。

真珠湾攻撃の場面では、ハワイ・オアフ島真珠湾の、アメリカ軍施設と海に浮かぶ艦船が、実に精巧に再現されている。そこに、朝の新鮮な光を浴びながら、日の丸輝く零戦が陸続と奇襲を仕掛ける。

言うまでもなく日米開戦の瞬間だ。

午前七時五十五分、高橋少佐の急行下爆撃隊のフォード島水上機基地にたいする投弾で開始された第一次攻撃は、午前八時二五分ごろ終了。つづいて、午前八時四九分、第二次攻撃隊はオアフ島東海岸から進入して攻撃を開始、午前九時四五分に終了した。

空襲部隊の攻撃ぶりは冷静をきわめた。飛行場にならぶ航空機は、爆煙で目標を見失わないよう、風下から順序よく炎上させた。戦闘機隊は、一弾のムダもなく命中させるべく、ほとんどが地上五、六メートルの低空に舞いおり、中には滑走路にプロペラを接触させ、あるいは尾部に電話線をひっかけて帰投したものもあった。

総指揮官淵田中佐は、最後までオアフ島上空を旋回して成果を見守り、第二次攻撃隊とともにひきあげた。第一次攻撃隊は午前九時五六分より、第二次攻撃隊は同一一時三〇分より、それぞれ母艦に帰着しはじめ、午後一時には両攻撃隊の収容を終った。（児島襄『太平洋戦争』）

ハワイの陽光に輝く、まるで現代だと言ってもおかしくないほどモダンな米軍施設と艦船が、かたっぱしから炎上する。日本軍の装備の古色蒼然とした素朴さと、モダンなアメリカ施設の差は、そのまま当時の日米の国力差であろう。この映画が精巧に再現している、素朴な日本軍とアメリカのモダンさの目の眩《くら》むような対比は、当時日本を脅かしていたものの正体をよく映し出している。

それにしても、この映画が見せてくれる太平洋の美しさはどうだろう。この海に無数の日米の兵士たちが死んでいった。そしてまた、この物語の主人公・宮部久蔵も死ぬ。それらの死は、この海の下で、永遠の相に還ってゆくようだ。戦争も血みどろの戦闘も人の死も、何もかもを飲み込んで、ひたすら静かに伸びやかな、海の優しい広がりなのである。

空は美しく晴れ、眼の下には広々と海が輝やいてゐた。漁船が行く、藍色の海の面に白い水脈《みを》を曳いて。さうだ、漁船の代りに魚雷が走れば、あれは雷跡だ、といふ事になるのだ。海水は同じ様に運動し、同じ様に美しく見えるであらう。さういふふとした思ひ付きが、まるで藍色の僕の頭に真つ白な水脈を曳く様に鮮やかに浮んだ。真珠湾に輝やいてゐたのもあの同じ太陽なのだし、あの同じ冷い青い塩辛い水が、魚雷の命中により、嘗て物理学者が仔細に観察したそのまゝの波紋を作つて拡がつたのだ。そしてさういふ光景は、爆撃機上の勇士達の眼にも美しいと映らなかつた筈はあるまい。いや、雑念邪念を拭ひ去つた彼等の心には、あるが儘の光や海の姿は、沁み付く様に美しく映つたに相違ない。彼等は、恐らく生涯それを忘れる事が出来まい。そんな風に想像する事が、何故だか僕には楽しかつた。太陽は輝やき、海は青い、いつもさうだ、戦の時も平和の時も、さう念ずる様に思ひ、それが強く思索してゐる事の様に思はれた。

（小林秀雄「戦争と平和」）

日本近代最高の知性とも言われる文芸評論家、小林秀雄のエセー「戦争と平和」だ。昭和十七年の元日、新聞に掲載された真珠湾爆撃の写真を見ながら、彼自身の見た――おそらく伊豆の――海と真珠湾とを重ね合わせたこの引用箇所は、大変有名である。

山崎貴監督は、このエセーを意識していたのだろうか。映画『永遠の0《ゼロ》』の海原の、目を射るような深い青の輝きは、まるで、この小林の描写がそのまま映像になったかのようだ。だが、おそらく、山崎監督は、別段にこのエセーを下敷きにした訳ではあるまい。原作『永遠の0《ゼロ》』を注意深く読み、ロケーションに入って、海を見続けていれば、自ずからこの美しい太平洋の輝きを映画の基調にせざるを得ない、そういうことだったのであろう。

小林のエセーは、「国民の勇気を鼓舞するといふ美名の下に、戦争文学と戦争の文学的報道が氾濫し」などという表現が軍部から叱責されたというが、この海の美しさに、日米戦争の本質を直ちに見た小林の眼力は、やはり尋常ではない。この風景の美しさの全てが、あの戦争を戦った日本人の美しさであり、日本の戦争というものだった。そしておそらく、この美しい海と空こそが、映画『永遠の0《ゼロ》』が表現している、最も深い思想なのである。……

最初に見終えての感想は「憤り」

正直に書こうと思う。『永遠の0《ゼロ》』について書かないかという話が幻冬舎からあったとき、私は、靖国神社、特攻、そして大東亜戦争について少しずつ考えをまとめようとしていた折でもあり、お受けしたいと思った。完成したばかりの映画『永遠の0《ゼロ》』の試写会は大好評だという。感動の声は、私のところにも、各方面から聞こえてきた。

だが、試写会を見て、期待は大きく裏切られた。失望したと言うより、見終わっての感想は、憤りに近かったのである。

なぜか。一言で言って、戦争や、軍人や、当時の軍部を、平和の今日の立場から見過ぎているからだ。

例えば、戦場での男たちが、概して暗い。明るく晴朗でたくましい空気が感じられない。たしかに、この映画では、真珠湾の成功の次の場面は、ミッドウェー海戦の敗北であり、映画の大半は厳しい戦局の中での戦場だ。

だが、だからこそ、兵士たちは、生命力と気魄《きはく》と明るさに満ち溢れていなければ、心身共に持たない。今日の命さえ保証されない日々、皆が、明朗快濶《かいかつ》な気魄に満ちていなければ、逆に、どうして精神の平静が保て、戦闘に集中できようか。戦陣の明るさは、戦争の心理学の絶対条件である。

日本軍は、三年八カ月にわたって物質大国アメリカと死闘を演じ、彼らを心底恐れさせた。昭和二十年二月からの硫黄島での日米決戦では、装備もろくにない大戦末期の疲れ切った日本軍が、硫黄の噴き出す灼熱地獄の中、島全体を要塞にして戦い、死傷者数で、日本を上回る二万八千人余もの犠牲をアメリカに強いた。挙句、全二万人余、ほぼ全員が戦死した。戦後の証言によると、アメリカ最大の猛者である海兵隊員に戦争ノイローゼが続出した一方、日本側には一名もその手の神経症が出なかったという。それが当時の日本人だ。あの戦争を描くなら、どうしても、日本の男たちのこの底抜けの明るさと強さはずばりと打ち出してほしい。

甘ったれたヒューマンドラマ？

そもそも、主人公の宮部久蔵は、海軍一の凄腕パイロットなのに、戦場では乱戦を避け、逃げ回ってばかりいる海軍一の臆病者だという設定だ。これは原作に由来する設定なのだから、むろんそれで構わない。むしろ興味深い設定だと言える。もちろん、ただの臆病者では映画のヒーローにはなれない。そこには当然何らかの意味が隠されているはずだからだ。

——ではどんな意味が隠されているのか？　このミステリーがいわば映画の原動力となる。当然最後の場面では、宮部は単なる臆病者とは違うヒーローとして死ぬのであろう。

だが、映画『永遠の0《ゼロ》』では、宮部の登場が、後からはどうにも修復しかねるような本物の臆病者ぶりから始まってしまうのだ。真珠湾攻撃の場面である。奇襲が成功した後、沸き立つ空母赤城の片隅で、宮部は、未帰還機が二十九機もあったことに触れながら「私は怖い」と呟《つぶや》く。震えている。これではただの臆病者ではないか。

宮部は、海軍横須賀海兵団入団が昭和九年、支那《しな》事変を経験した上で、ここにいる。支那事変は、昭和十二年から始まり、日米開戦の時点でも終息してなかった対中戦争である。この事変で海軍は当初航空戦を軽視していたが、欧米の最新鋭機を装備している支那軍に撃墜されることが重なる中で、航空戦の重要性に気づく。その結果、空中戦で勝利して制空権を取ってから大都市への戦略爆撃を行い、その後に、陸軍が地上戦に入る形を、日本軍はこの事変で確立した。宮部は、それを実戦で経験しているはずである。真珠湾で怯えることは設定上あり得ないのだ。

ミッドウェー海戦中、空母赤城が爆撃される場面で、臆病者・宮部の面目は頂点に達する。赤城が魚雷を船体の中に格納した後、敵機来襲の放送が流れる。そのとき宮部は文字通り恐怖で逆上するのである。事態の容易ならぬことを絶叫しながら、彼はすぐさま自分の零戦に一目散に乗り込み、離艦する。敵機を撃ちに突撃しに行くのではない。爆撃されれば魚雷に点火し、船が火の海になると判断して、空母から死にもの狂いで脱出したのである。

映画は、導入部分の分かりやすさが必須な芸術だ。宮部のキャラクターをまず臆病者として描き、後から実像に向けて転換してゆくという方針は分かる。だが、この「臆病者」ぶりは、あまりにもストレート過ぎよう。

そもそも宮部は、なぜそこまで命を惜しむのか。それは「臆病者」だからではない。理由があるのだと、映画は語る。

では、その理由とは何か？　「妻と生まれたばかりの子供に必ず帰ると約束した」――その約束を果たすために、絶対に死ぬわけにはゆかない、それが理由だというのである。映画では、このことが明かされたとき、宮部の実像を元海軍の戦友たちに聞いて回っていた孫、佐伯慶子と健太郎姉弟は涙を流して喜ぶ。宮部は、死ぬのが怖かったのではない、妻子を愛していたがゆえに、彼らとの約束を守り、何としても帰国しようと思った。

「おじいちゃんは臆病者ではなかったんだ！」

しかし、妻子のために必要な自分だから命を惜しむのだと言えば、逆に、誰がそうでないと言えるのか。戦地では誰もが皆、一番大事な自分の命と国家の命運とを秤《はかり》にかけながら、生きている。生きて家族のもとに戻りたい、その思いを、ある者は国への思いによって超越し、ある者は繰り返し迷いつつ、それぞれの戦争を戦った。

戦地での兵士たちの明るい話題は内地からの手紙であり、恋人自慢、子供自慢、家族自慢であった。

誰にも愛する家族はおり、命は惜しいのである。しかし同時に、日本が存亡の危機にある以上、その家族を守るためにも、軍人として命を楯にすることこそが最善の道ではないのか——一人一人が真剣に自問自答しながら、死の覚悟を固めていった。

その中で、宮部一人が命を惜しめば、それはどのような理由があろうとも、エゴイズム以外の何物でもあるまい。それを無条件に肯定するとは、一体何という戦争映画か。

——初めて映画版『永遠の0《ゼロ》』を見たとき、私の心はこの宮部像によって、すっかり硬直してしまった。そしてはじめに閉ざされてしまった私の心の隙間から入ってくるのは、国家存亡の危機を国民皆で受け止めていた当時の日本人の現実とはかけ離れた、現代風の価値観のオンパレードであり、今風の甘ったれたヒューマンドラマめいた科白《せりふ》ばかりだった。……

二度目にして辿り着いた感動

そして、今、私は、こうしてこの本を書いている。

自分のあまりの全面否定ぶりがかえって訝《いぶか》しく思われ、もう一度試写会を見ることにした私は、二度目に見た映画『永遠の0《ゼロ》』に、今度はすっかり魅了されたからだ。

二度目に見たそれは、類稀《たぐいまれ》に、ひたすら美しい映画であった。私は、映画の隅々まで行き渡る、戦争を戦った当時の日本人への愛情に、とりわけ映画後半に入って、ただもう打たれっぱなしというほど、ノックアウトされた。

一体これは何なのか？

同じ映画を同じ人間が見る。それでここまで印象が変わる。それもたった三週間の隔たりを置いてのことだ。こんなことがあるのだろうか？

もちろん、初見のときに感じた問題が画面から消えたわけではない。最初に書いた事実は厳然と画面に残っている。だが、映画を丁寧に見直してみて私は気づいた。先に違和感と思われた諸点は、実はトリックだったのだ。戦争から遠く隔たった現代日本人に、最後に、心に残る強い印象として、軍人の本当の姿を伝えるための――。

そして、映画が真に語っているのは、全く違うことなのだ。

例えば――。

映画は、一機の特攻機がアメリカの軍艦に向かって突撃する衝撃的なシーンで始まる。画像も音声も戦時中の実写だ。と、緊迫の度合いが増す進撃の中途で突如、場面は、現代の風景、それも葬儀の風景に切り替わる。平成十六年、亡くなったのは主人公・宮部久蔵の妻で、今は再婚した大石賢一郎の妻、松乃。享年八十三歳。斎場で、遺体が火葬炉に入るとき、夏八木勲演じる再婚相手の大石老人は、激しく泣き崩れる。渾身の慟哭だ。下手に演じたら滑稽なだけだったろう。上滑りな感情では到底こなせない。夏八木の慟哭には威厳がある、後光が差している。映画は一気にその核心に、見ている者を連れ去る。

だが、何故《なにゆえ》の慟哭なのか。そこには松乃の元の夫、宮部久蔵との物語が、何か隠されているのではないか。宮部は戦争末期、特攻隊員として散華《さんげ》しているが、松乃は生前この宮部という最初の夫については娘にも孫にも何一つ語らずに死んだ。大石と松乃の孫――実は宮部と松乃の孫である佐伯慶子、健太郎の姉弟は、祖母である松乃の死によって完全に空白となった宮部久蔵という本当の祖父の人物像が気になりだす。宮部はどういう人物で、なぜ特攻隊員としての死を選んだのか。彼らは、それを知るために、宮部の旧戦友たちを訪問し、聞き取りを始める。これが映画の導入だ。

ところで、肝心なことなのだが、中途で途切れた、冒頭特攻機の突撃場面には、実は続きがあるのである。映画の最後だ。映画は、そこまで戦争と現代の場面を往復しながら、おしまいに現代の場面で謎解きを終え、大団円を迎える。そして最後に再び、アメリカ艦に突入する特攻機を映し出す。だが、冒頭とは違い、今度は搭乗員が誰だか分かっている。宮部久蔵だ。冒頭の場面を引き継ぎ、宮部機はいよいよアメリカ艦に接近し、猛烈な銃砲撃の嵐の中を突進するのである。

つまり、冒頭の特攻機突撃の場面はまさに宮部久蔵の死の数秒前のシーンなのであった。だから、画面が突如最愛の妻であった松乃の葬儀へと切り替わることは、二人が死によって一つになることを意味していたのであった。そしてまた葬儀で、夏八木演じる後の夫が慟哭するのは、彼もまた、二人の愛の深さを知り、彼らが死によって一つになったことへの無限の感慨に打たれたからだったのである。

こうして冒頭の突撃は、死を媒介にして、彼がたった一人愛した女、松乃に繋がると共に、ラストシーンに繋がり、映画全体を宮部の特攻突撃による死で覆い、構造化する。

映画全体が、宮部の特攻突撃に挟み込まれていることを知って、映画のラストに接するのとそうでないのとでは、感銘の度合いは雲泥の差となる。不注意な私は、二度目に見たとき、ようやく気づいた。特攻機でアメリカ艦に突っ込む宮部の死の直前の数十秒に、映画の全時間が綴《と》じ込まれていたのだ。宮部の妻子への愛、戦友や教え子への思い、戦争への葛藤——その全てを、この数十秒が綴じ込んで、今や彼は「永遠の0《ゼロ》」となる——。

このとき、私は映画館にいる自分を完全に忘れ、特攻機に乗る自分、あるいは自分の最も大切な友が特攻機で飛び込むのを、眼前に見ていた。絶叫しないでいられたのが不思議だった。悲痛さと愛惜の情で、満身をほとんど裂かれそうであった。

構造化そのものが映画『永遠の0《ゼロ》』の感動の最大の源泉なのだ、だから、この映画は、少なくとも二度は見ないと本当の感動に辿《たど》り着けない、そう言うと映画の宣伝めいてしまうであろうか。……

限りなく美しい空戦シーン

私は映画の撮影技術上のことは何も知らない。

だが、映画『永遠の0《ゼロ》』が、コンピューター上で画像を作り、それを実写映画としてリアルに再現するVFX（ビジュアル・エフェクツ）という特殊撮影を駆使した作品であることは、パンフレットの解説を見るまでもなく、さすがに分かる。

最近の映画で多少大仕掛けな作品ならば、特殊撮影を用いるのはもはや常識であろう。しかし、この映画のＶＦＸは、単に巧みな技術という以上に、美の極致をゆく。画面そのものが類稀な芸術だ。

山崎監督が、「戦争映画の定番ではなく、今までにないものにしたかった」と語る空戦シーン。シーンの制作に当たり、まず行ったことはヘリに乗って〝空撮〟の素材を撮影したこと。特に奄美大島では監督が数日間にわたり、日に何度も奄美空港から飛び立ち、絵になる雲を探しては撮影するということを繰り返した。そうして撮った素材だけでも20時間近くに。かつて日本映画でこれほど長時間の空撮を敢行した作品はなく、最長記録となっている。

（映画『永遠の0《ゼロ》』パンフレット）

実際、それだけのことはある。この映画で、南の海特有の壮大な明るさと空気感を、手応えある映画的な空間にしているのは、多彩な表情の雲だからである。観客の目は眼前で繰り広げられる戦闘シーンに釘づけになる。が、その背後で、この上下左右激しく動く戦闘に座標軸を与えるのは、絶えず美しく変化し続ける空と雲と空気である。遠景の山であり、広がる大洋だ。

さらに、この場面をよりリアルに描くために山崎監督が徹底的にこだわったのは「光」だった。

……映像にリアリティを持たせるために最も重要視されたのが光である。コックピットで役者が芝居をする部分は、千葉・白浜近くのテニスコートに1分の1の零戦を置いて撮影。なるべく自然光を活かして撮ることにこだわった。一方、室内スタジオでは、コックピットを垂直に立てて、回転させながら撮影するという特殊な仕掛けを使った撮影も。ほかにも、太陽に見立てた可動式のライトを用意し、旋回時の光の変化をシミュレーションするなど、一貫して光にはこだわり続けた。

（前掲パンフレット）

要するに、CGの多用ということで、最近のハリウッド映画に見られるような、強烈なエッジを利かせた刺激的な場面を想像してはいけない。山崎監督の映像美学は、技術を単なる効果として扱いがちな興行主義とは対極にある。繊細なエッチングのような、ひたすら細部の美の完璧を狙う。動いて止《や》まぬ画面を、動きのまま最も高い美に釘づけしようとする。

だが、なぜここまでこだわるのか。

なぜ、空戦の場面は、ここまで微細な計量と膨大なカットを積み重ねて、美しくあらねばならなかったのか。

それは、ここでの美しさが、それ自体、戦争、人類、自然をめぐる古典的な一つの思想だからではないか。

こんなに美しく静かな、ほとんど神のごとく輝く風景の中で、死闘が繰り広げられる。その死闘もまた人間的醜悪さの対極にある。若い命が、各々の限界を賭し、戦闘機を生き物のように扱いながら、崇高さの領域に限りなく近づく。世界中の英雄叙事詩の発生を見れば明らかなように、まさにこの戦士の崇高さこそが、文学の発生だ。映画『永遠の0《ゼロ》』の空戦場面の美しさは、そのような文学の発生を思わせるのである。

戦争は単なる悲惨な絶対悪なのか

戦争の悲惨さ、愚かさは古来人類が身に沁みて体験してきたところである。いや、戦争が悲惨なのではなく、人類は一旦そうと決まると、天文学的に残酷になれる動物であるらしい。次ページのような信じ難い数字の羅列を見れば、狂気そのものが、人類の本質に深く根ざしていることを信じないわけにはゆかなくなる。

そして、この古今東西にわたる大量虐殺ランキングは、戦争が、むしろ、こうした大量殺戮の一部を占めるに過ぎないことを、明らかにしている。このランキングでは、革命や独裁政権による粛清、他民族の一方的な虐殺、奴隷支配などが並ぶ中、対等な敵間で戦われた純然たる

歴史上の大量虐殺ランキング

順位	名称（世紀）	死者数
1	第二次世界大戦（20世紀）	5,500万人
2	毛沢東　文化大革命（20世紀）	4,000万人
3	モンゴルの征服（13世紀）	4,000万人
4	廬山の反乱　安史の乱（8世紀）	3,600万人
5	明王朝の崩壊（17世紀）	2,500万人
6	長髪賊の反乱（19世紀）	2,000万人
7	インディアンの全滅（15〜19世紀）	2,000万人
8	スターリン(の粛清）（20世紀）	2,000万人
9	中東奴隷売買（7〜19世紀）	1,900万人
10	大西洋奴隷売買（15〜19世紀）	1,800万人
11	チムールレンク（14〜15世紀）	1,700万人
12	イギリスのインド支配（19世紀）	1,700万人
13	第一次世界大戦（20世紀）	1,500万人
14	ロシア革命（20世紀）	900万人
15	ローマの滅亡（3〜5世紀）	800万人
16	コンゴ紛争（19〜20世紀）	800万人
17	30年戦争（17世紀）	750万人
18	ロシア帝国の成立と維持（16〜17世紀）	500万人
19	ナポレオン戦争（19世紀）	400万人
20	中国内戦（20世紀）	300万人

出典：Selected Death Tolls for Wars, Massacres and Atrocities Before the 20th Century(http://users.erols.com/mwhite28/warstat0.htm) 他

大石久和『国土学再考』(毎日新聞社)より

戦争は、第一次、第二次世界大戦の二つの広域な大戦を除くと、ドイツを中心に起きた三十年戦争だけだ。そして実は、この三十年戦争の悲惨さがこたえたヨーロッパ諸国は、この後、国際法を発展させ、有色人種への植民地支配では平気で残虐な振舞いに及ぶ一方で、ヨーロッパ内部での戦争に関しては、ルール化を進展させた。またそうした国際法が仮になくとも、戦争は、原則として対等な相手同士がぶつかるものであって、そのこと自体が、悲惨さに歯止めをかける。一方的なリンチや大量の虐殺にはなりにくい。

だから、戦争が絶対悪だという極端な思想は、実は新しいものなのである。第一次世界大戦が、本格的な反戦思想を生んだほとんど最初と言ってよいだろう。この戦争で空戦が初めて展開された。ロンドンやパリなどの大都市が爆撃にさらされ、東部戦線では毒ガス兵器が使われた。英雄的な戦いではなく、武装した一般市民兵が、戦場を駆けめぐり、塹壕《ざんごう》戦を強いられた。アガメムノンもアレクサンドロスもナポレオンも出現しなかった。英雄叙事詩の代わりに、大量殺戮と戦場の悲惨さのみの際立つ戦争となった。

この頃、ヨーロッパは政治・経済・文化どの領分でも、最高水準に達していた。先に記した通り三十年戦争の教訓は、二百五十年以上にわたって、国際法の成熟と、外交的な叡智《えいち》を形成していた。よもや、地球上の文明の最高峰にある自分たちが全面戦争などという蛮行に逆行するなどあり得ないと信じ切っていた。それがある日、確たる原因もなく、誰も望んでいなかった大戦争が火蓋を切る。そして、狂気のようなナショナリズムと一般市民を巻き込んだ殺戮合戦が四年も続いたのだ。

戦後、ヨーロッパはかつてない自信喪失に陥った。戦争終結に決定的な役割を果たしたのはアメリカだった。今後はアメリカに依存しなければヨーロッパは自律的な歴史の主役たり得なくなるのではないか。大戦中の一九一八年には、ドイツ人、オスヴァルト・シュペングラーの大著『西洋の没落』が刊行される。そこでは西洋文明の歴史的衰退が宿命として指摘されており、ヨーロッパの知識人らに衝撃を与えた。その前年、一九一七年に、ロシア革命が起こり、歴史上初めて社会主義国家が誕生したことは、ヨーロッパ人たちの自信喪失をさらに深めた。当初、順調な成功を伝えられた共産主義が、人類の理想のように錯覚され、ヨーロッパはもはや時代遅れに思われたのである。

こうした米ソの台頭とヨーロッパの自信喪失の中で、革命の悪が極度に過小評価される一方で、戦争が絶対悪とされるに至ったことは、忘れない方がいい。反戦思想は、革命の悪への目潰しだった側面がある。

事実、第一次大戦まで、人類史を通じて、戦争は、単なる悲惨な絶対悪ではなかった。既に書いたように、革命や一方的虐殺の悪はそれにはるかに勝る。戦争はむしろ英雄叙事詩を生み、人類のロマンの淵源となった。映画『永遠の0《ゼロ》』の空中戦の美しさもまた、そうした伝統に則《のっと》る、戦争のロマン化と言えるだろう。戦争賛美の危険思想などというレッテルは無意味である。性欲は強姦の原因になるから男性を全員去勢すべきか。性欲があるから幸福な家庭があり得、美しい恋愛が可能であり、人生の喜びが生まれる。

戦争の現場は悲惨だが、その悲惨な運命を引き受けて、これに打ち克つ勇者は、古来人間の理想像だった。書物に囲まれた貧弱な書生や札束を勘定して目を輝かせている商人のギリシア彫刻の傑作は想像できまい。残虐さと区別された勇者の戦いとしての戦争は、男性性の本質の発露であり、そうした男性性のロマン化が文学や芸術の発生そのものだというのは、端的に、歴史的な事実である。歴史が許容してきたものは、たとい危険なものであっても、それに優る意味があるのであり、戦争と勇士の存在もまたそうしたものなのである。

零戦は日本人の美学の象徴だった

日本における戦争には、さらに特殊な条件が加わる。日本の歴史が、世界史の中でも突出して、平和だったことである。

日本史では、戦争よりも平和の時代の方が圧倒的に長い。高度な文明圏でこれほど長期にわたって平和が維持されてきた例は他にない。古代、統一王朝が形成され、大陸にも植民地任那《みまな》を所有していた時代を最後に、日本史では世界の趨勢とは逆に、戦争は例外的な事象となる。

戦国時代が全国にわたって百年余り続いたときを除けば、戦乱は権力交代期を中心に、ごく短期的、局地的だった。

これは、戦国時代以外日本人は戦争を前提とした生き方や思考法を持たなかったことを意味する。実際、神武、日本武尊《やまとたけるのみこと》の東征から始まり、戦国時代から近代日本の戦争に至るまで、歴史書や戦史をひもとくと、日本における戦は、大量殺戮とは無縁だ。勝敗は、最小限の軍事行動で、淡泊に決せられることがほとんどだった。その上戦争は、武家政権が成立した後になって、残酷になるどころか、かえって、美学や芸術の領域へと近づいてゆく。

その象徴が『平家物語』であろう。戦が主題であるにもかかわらず、日本で最も哀切で美しい文体、勇壮だが最も繊細な文学が『平家物語』である。これは驚くべきことではないのか。男女の恋を描いた『源氏物語』以上に、平家の哀感の美は深いのだ。戦の文学が、史上最も繊細だったということ――これが日本なのである。

武器の象徴である刀剣も同様だ。日本の刀剣ほど美しい武器は世界の歴史にあるまい。曲線の角度から、光を帯びた刀の色、鞘《さや》、鍔《つば》の周密な彫琢《ちょうたく》に至るまで、ひたすら繊細、精妙である。その曲線は、できるだけ大量に人をぶち殺すための曲線ではない。刃線がそのまま空気に吸い込まれそうな鋭さにまで鍛えられた刃は、効率的な人殺しの道具ではない。それは、空間の中に美しく閃《ひらめ》く、舞いの名人の美である。だが、無論、極限まで、強く鋭い。一刀両断、首でも落とす。だからその美は、妖しく艶めかしい。

日本人にとっての戦は美を生きるということであった。死と一番接している戦争に、日本人は、敵の皆殺しを考えなかった。大量殺戮と無縁な、しかし世界一美しく強靭《きょうじん》な刀を日本人は生み出した。戦は皆殺しをし、征服し、敵の所有物を奪うものではなく、日本男児にとって、最も美しく死に旅立つ儀式だったのである。だからこそ、武具は、合理的であると同時に、死装束であり、死に旅立つ男性の美学の粋でなければならない。刀はその象徴なのである。

そして、大東亜戦争における零戦こそは、その美学が二十世紀まで持続していることの象徴だった。

零戦については、映画『風立ちぬ』を論じる次の章で、あらためて考えるが、簡潔に言えば、そこでは革命的な戦闘能力と、類稀な美しさが共存していた。抜群の性能だったが、熟練工による膨大な工程を重ねなければ作れない。大量生産は不可能だった。大量生産できなければ、大量殺戮もできない。大量生産を前提としたアメリカの軍機とは、全く違う思想に立脚していた。

要するに、零戦とは、戦う勇士の、鍛え抜かれた心身の延長として構想され、実現されたものなのだ。刀剣がそうであるように、それは人を殺す道具であるには、あまりにも美しい繊細さに息づく。

そして零戦の開発者である堀越二郎が零戦に賭けた美学を、戦場で実際に最大限体を張って実現したのが、映画『永遠の0《ゼロ》』に登場する、日本海軍のパイロットたちだった。

この映画は、そうした零戦の美学を実に丹念に拾っている。大空を隊列を組んで飛行するときの美しさ、海に映る黒々とした機影、青空に映《は》える緑色の機体が旋回する陶酔的なまでの美感……。しかし、何よりも、零戦のこの美に対応するのは、主役である宮部久蔵を演じる、岡田准一その人だ。

岡田准一の非の打ちどころない名演

岡田准一の海軍パイロットとしての立居振舞は、非の打ちどころがない。日本の武人の美を象徴する名演を繰り広げている。ここまでに書いたように、映画の前半、宮部は死ぬことを厭《いと》う臆病者として描かれる。が、それは表面に現れた彼に過ぎない。実際の宮部が何者であるか。それは、後半、岡田の演技が、ほとんど哀切なまでの誠実さによって明らかにする。

絵になる役者だ。海軍の軍服がこれほど似合う青年俳優は、今の日本には少ないであろう。端正で気品がある。強さを秘めた優しさがある。本当の優しさのある男だけが醸《かも》し出す色気がある。

ラバウルでの夜、皆が寝静まった後、ジャングルの奥で一人、宮部が猛烈な一人自主練をする場面は、殊に美しい。

虫が集《すだ》き、熱帯雨林の濃密な空気が立ち込める夜半である。

部下が夜、川釣りに行った帰り、草むらの中でうなり声を聞く。驚いて覗《のぞ》き込むと、宮部だ。汗みどろになりながら、飛行機の機銃を繰り返し持ち上げている。ひどく重そうだ。次に宮部は、木の枝に逆さ吊りになる。それが何分も続く。飛行中、天地が逆転するときのための訓練である。

宮部が生粋の軍人であり、日本人らしい寡黙で強い男であることが、初めて明かされる。その男性性が、優美な野性として、野性の美に溢れた牡として、画面から匂い立つ。精悍と言うより優美に強いその肉体と容姿が、岡田その人を零戦のイメージに近づけている。

期せずして覗き見をして驚いている部下に、宮部が気づく。会話が始まる。部下も機銃を持ち上げようとするがとても持ち上がらない。聞くと、出撃した夜も訓練は欠かさないという。

なぜこんな苦しい訓練をしているのか。宮部はいそいそと写真を取り出す。妻と赤ん坊の写真である。懐かしそうにそれを見つめる宮部……。

ラバウルのジャングルの中で深夜、新婚の海軍パイロット小隊長とその部下が言葉を交わす。娘に会うためには何としても死ぬわけにはいかないと呟く。訓練を怠りたくなると、写真を見ては自分を叱咤して、くじけそうな自分を励ましていると言う。ここには不健全なものは何もない。

岡田の裸身が放散する牡の匂いと熱帯雨林の濃密な空気感、夜になって密度を増す湿気が、一面に漂う。虎かニシキヘビがすぐ裏に潜んでいないだろうか。妻子の写真を何よりの宝物にしている青年軍人の心根と、夜の密林での、生還のための死にもの狂いの訓練。——残酷で美しい一篇の叙情詩である。

戦争経験者でもある老優たちのリアリティ

この映画を魅力的にしているのは、無論、岡田だけではない。現代パーツで、宮部の生き残った戦友を演じる円熟の脇役たちの演技が、殊に光る。彼らによって、この映画は、あの戦争を共に戦った「男たちの物語」として分厚く立体化される。映画『永遠の0《ゼロ》』は、宮部の妻子への愛を主題の中心に据えている。それだけに戦場を背景にした単なるラブストーリーへと平板化する危険性は大きかったはずだ。実際、私自身が初見のとき、この映画をそう見てしまったのである。その危険から映画を救い、画面に強烈なオーラを与えているのが、老練な戦友役たちだ。彼らの演じる、生き残ってしまったがゆえに「戦後」を背負った元軍人らの、強烈な存在感である。

最初に登場する戦友は、平幹二朗演じる、元零戦搭乗員の長谷川だ。平は、屈折した強烈なキャラクターを裸でぶつける。まるで今戦場で人を殺して、血塗られた姿で戻ってきたような迫力が全身の細胞からにじみ出る。長谷川は肘から下がない。空中での乱戦で失ったのだ。その長谷川も今では、暑い夏の日に、クーラーもつけない貧乏暮らしだ。背中にはじっとりと汗がにじむ。だが、この老いの屈折には、戦を経験した人間の荘厳さがある。

学徒出陣兵の一人として、筑波海軍航空隊で宮部教官に航空技術を教わった武田は、逆に、今、経済界の大物になっている。演じるのは山本學だ。若き日に軍隊経験をした老人ならではの、謹厳実直さと品格が身を包む。特攻隊の生き残りである。戦友を見送るときのあの気持ちは忘れようにも忘れられない、と話すときの山本は、この科白に静かな万感を込める。

私は、それを見ながらふと思い出した。数年前、富士通の伝説的な会長だった山本卓眞の講演を聴いたときのことだ。山本は当時八十五歳、講演からほどなくして平成二十四年一月不帰の客となったから、これを私は氏の遺言だと思っている。氏は、満州に配属された陸軍航空士官学校出身の少尉、特攻の生き残りだった。出撃予定がちょうど八月十五日だったのである。そして、後年、戦争に精根込めた思いを日本再興に向けかえて、経済界の重鎮となる。アメリカ相手の貿易交渉でも一歩も引かぬ豪気な経営者として知られた。その山本が、自らの戦争体験を語った後、最後に言った。

あの戦争には戦う意味があった。自存自衛の戦いであるばかりでなく、東亜解放の戦争だった。それゆえにこそ精根を込めて戦い、どれだけ優秀な戦友たちが率先して死んでいったか。それが、今や、日本の戦争犯罪、従軍慰安婦、南京虐殺など、なかったことがまことしやかに世界中で宣伝されている。日本人自身が自信を失い、自分たちの歴史を若い人たちが全く知らない。こんなことでは、戦友に合わせる顔がありません。死んでも死に切れない思いで一杯であります。……

眼光の鋭さは、群を抜いていた。温容で小柄ながら、全身から発する気は、最晩年まで武の達人の趣があった。「死んでも死に切れない」と言い、「戦友に合わせる顔がありません」と言ったときの氏の表情は忘れられない。実際に鬼籍に入られて、今、どんな思いで、戦友たちと相まみえているのか。そして、高齢で亡くなってゆく彼らの世代の「死んでも死に切れない」思いを、我々はどう受け止めたらいいのか。――私は、この映画のラストシーンに、そのヒントを強く感じた。が、話を急ぐまい。

平幹二朗、山本學に限らない。既に触れた義理の祖父役の夏八木勲にせよ、今ややくざの組長として豪邸に住む元海軍パイロット景浦を演じる田中泯、宮部の忠実な部下だった井崎を演じる橋爪功にせよ、彼らは、この映画において単なる演技達者な年配の役者という以上の存在感を醸し出している。

なぜか。

彼ら自身が、何らかの形で大東亜戦争を体験しているからに違いない。

例えば田中泯は、終戦の年、昭和二十年の三月十日に、東京で生まれている。言うまでもなく東京大空襲の日だ。誕生の場所が、幸いにも爆撃地から離れていたのであろうか。だが、一歩間違えれば、田中は誕生と同時に、米軍空爆によって死んでいたのだ。

その田中が、元軍人役では一番若い。それ以外の俳優たちは、平の昭和八年生まれを筆頭に、山本は昭和十二年、夏八木は昭和十四年、橋爪は昭和十六年と、全員、戦前、戦中生まれだ。

彼らは皆、大日本帝国臣民であった両親、祖父母、親類の中で育った。戦争の記憶と共に育った。おそらく平や山本の年齢なら、空爆や疎開、終戦の日の記憶も残っていよう。それ以外の諸氏も、間違いなく幼少期の記憶に、軍人や焼け野原が焼き付いているに違いない。それが、元軍人役としての彼らの演技に、何らかの確かなリアリティを与えているのは間違いない。

これら、老軍人らの強い人間像によって、この映画は、ラブストーリーをミステリーで綴じ込んだ戦争メロドラマではなく、戦争をめぐる生々しい人間劇となる。井上真央演じる若き妻、松乃と、岡田准一演じる宮部久蔵の愛の場面は短い。その短さの中に愛の静かな炎が燃え続けられているのも、これら老優たちの軍人としての威厳の光に照らされてのことなのである。

命を惜しんでいたはずの宮部がなぜ?

映画は後半、急速に、密度を増す。その中で、幕切れ近くに際立った演技を見せるのが景浦役の田中泯である。

若き日の景浦は、空戦で死ぬなら本望だという命知らずの若者だった。それだけに、出撃する度に、いつも無傷で帰ってくる宮部が人一倍憎い。

ある日、宮部に模擬訓練を申し出た。凄腕と言っても本当は大したことがないから逃げるのではないか、本当の実力を試してやれというつもりだったのである。宮部は断る。そこで景浦はある日意を決し、敵との戦闘の帰路、宮部に模擬戦を仕掛けた。宮部機の後ろにピタリとつき、完全に射程に捉えてみせたのだ。ところが次の瞬間、宮部機はスッと消え、何と自機の後ろに回り込んでいるではないか。

景浦は逆上する。もう一度、宮部機の後方につけると、憎悪に自制を忘れ、宮部機を射撃してしまう。瞬時の狂気だ。が、一発も当たらない。マジカルな宮部の操縦術に景浦のプライドは完全に打ち砕かれた。しかもそのことについて宮部は、叱責もせず、上官への報告もしなかった。これほどの名人が海軍一の臆病者と言われている現実と、その宮部が自分を許して平然としていることが、景浦を混乱させる。

しかしその混乱に決着の時が来るのはそう先のことではなかった。命を惜しんでいたはずの宮部が特攻に志願したからだ。景浦は、十死零生の特攻を、邪道と見て、決して志願しなかった。九死一生なら望むところだ。その生の一の可能性に賭ける瞬間こそが、景浦のような命知らずにとっては、まさに醍醐味だったからだ。しかし、十死零生には、勇気も智慧も技量も必要ないではないか、こんなものは作戦でも戦術でもない。――景浦の、飛行機乗りとしてのリアリズムはそう見る。

その特攻に、よりによって命を惜しんでいた宮部が志願した。再び、激しい懐疑が景浦を揺さぶる。

なぜだろう?

宮部は、景浦の前で、二十歳前後の青年たちが次々に特攻で死んでゆくのを見て、全身で絶望と悲しみと無念を表していた。その宮部が、打って変わったように静かな死の覚悟と共に、特攻に志願している。理由は分からない。が、理由などどうでもいい。景浦は、あの模擬戦を仕掛けた日から、陰で絶えず宮部とは何かを、無意識に追いかけていた。要するに、宮部に惚《ほ》れたのである。その宮部が、死を決した、それならば、それはまた、俺の死に場所でもある。宮部機が特攻に飛び立つときは、俺が必ず守り抜く。敵機に体当たりしてでも宮部機を守り、敵艦突撃を成功させてみせる――田中のここでの語りは、圧巻だ。翳《かげ》りのある風貌、常人と思えぬ眼光、沈み込むような深いバスバリトンの声が、宮部への愛憎の甦りを如実に表す。

だが、景浦の飛行機は宮部機を守る途次故障してしまう。宮部機の追尾は断念され、景浦は、宮部という惚れた男と、死に場所とを同時に失うことになった。……

話し終えた老景浦は、宮部の孫、佐伯健太郎を抱きしめる。

「俺は若い男が好きでな」

殺したいほど憎かった宮部、その後一転して、命に代えても守りたいと思った宮部——その男の孫が来た。全く思いがけないことであった。話しているうちに、この平成の頼りなげな青年の中に、景浦は次第に宮部の面影を認め始める。五十年の時を隔てて、最も憎み、最も愛したあの青年士官が孫の姿を通して現れたのだ。

景浦が抱きしめたのは健太郎ではない。五十年の歳月だ。失われた歳月だ。死に場所を求めていた荒武者の自分が生き残り、命を惜しんでいた凄腕の宮部が、自ら死を選んだ。その二人を隔てる無限の時の姿を、彼は健太郎にありありと見た。

人生とは何とやくざなものだろう。何と奇妙なものだろう。宮部は彼の脳裏に、死んだ二十六歳の凜々しい姿をとどめ、今目の前には同じ二十六歳の若い青年が孫として立っている。自分はその後五十年の歳月に耐え、あらゆる辛酸の果てにこうして老いて、生きている。それは瞬時だったようにも思われ、宮部の死はあたかも昨日のことのようだ。二十六歳で死んだ宮部は何と美しく、完成されていたことか。その彼が、再び若いしなやかな青年として目の前に立っている。

宮部、あのとき、お前をしっかり抱きしめてから出撃させてやりたかった。何と長い別れだったか。そうして今、俺はお前の孫を抱きしめる。立派な若者だぞ、宮部。見えるか。――

暗示される葛藤、狂気、そして出撃

時計の針を少し戻す。

宮部は、昭和二十年の初頭にラバウルから帰国し、筑波の海軍航空隊で、予備士官の空戦訓練を担当していた。ある日、教え子の一人が、訓練中事故死する。その事故を受け、少佐の訓示があった。実戦に出る前に訓練で死に、飛行機を無駄にするとは、帝国軍人の恥だという叱責である。怒鳴り上げる少佐に対し、宮部は、事故死した予備士官を擁護する。立派な軍人だったと言ったのだ。怒り狂う少佐が、宮部を死ぬほどぶん殴るが、彼は発言を撤回しない。これを機に宮部は、生徒らに強く慕われるようになった。

そして、運命の事件が起こる。本土に襲来した米軍機との空中戦で、宮部機がアメリカ機の射程に入り、背後につかれてしまったのだ。危機的な状況である。そのとき、突如、この敵機に体当たりして墜落した機があった。それが、戦友の名誉を守ってくれた宮部教官を慕う大石賢一郎だ。大石こそは、後に、宮部の妻松乃の再婚相手となった人、慶子と健太郎の今の祖父である。

大石は死ぬ覚悟で宮部を守った。機ごとの体当たりが危険なのは言うまでもない。彼はまだ訓練途上の未熟なパイロットだったのである。相討ちとなって墜落死しても不思議はなかった。自分よりも若い青年が、赤の他人である自分を守るために、命を捨てようとした。それがなければ宮部の命はなかったのである。幸い、大石は重傷とはいえ、怪我で済み、助かった。が、命を惜しんできた宮部の命を、自分の命を捨ててまで助けようとした若者の存在は、それまでになかった葛藤を宮部の内部に生んだはずである。

この葛藤そのものは一切科白には出ない。

だが、大石の捨身の献身は、やがて宮部の心に、残してきた妻子への愛と同じ性質の深い感情を育てることになる。宮部のその後の行動がそれを示している。ここから後、ほとんど暗示だけで宮部を描いてゆく山崎監督の手法は、岡田准一の演技によって、奥ゆかしく美しい武人の最期を、奇跡のように照らし出す。

もっとも、この大石への感情が、宮部の中で完成するには、もう一つの厳しい試練が必要だった。宮部は、筑波勤務の後、鹿屋《かのや》基地に配属される。最大の特攻基地である。宮部の任務は、特攻機を守り、その任を果たさせる直掩機《ちょくえんき》のパイロットだった。教え子たちが次々に特攻に志願し、死んでゆく、その死を見届ける任務だ。それだけでも居たたまれない。その上、もし、最後まで特攻機を守り抜こうとすれば、今までのように空中の乱戦から途中で脱出するわけにはゆかなくなる。いずれは、宮部自身が、特攻機と心中することになるのは避けられない。

この経験が彼をしばしば狂気に追いやる。

彼は、教え子が次々に死にゆく様を見続ける。しかも、その多くは敵艦に辿り着く前に迎撃されて死んでゆく。宮部は、日本の有為な若者たちが、敵艦に辿り着くこともできずに、ただ死にゆく様を、見届けなければならない。

完全に自己喪失して、荒《すさ》み切った岡田の演技は衝撃的である。目は血走り、虚ろだ。呟く声はほとんど消え入るようである。

だが、宮部は立ち直る。彼の中でどのような決着があったかは分からない。映画はその経過を一切伝えない。だが、彼はこの狂気が癒えた後、妻子のためにあれほど惜しんできた命を捨てる決断をした。十死零生、出撃すれば必ず死ぬ特攻隊に、自ら志願したのである。

それは自分よりもさらに若い人たちが次々に自ら死を選んでゆくことへのレクイエムだったのだろうか。自分が先に死ねば、それでどんなにささやかでも一人の若者の死を先に延ばせると考えたか。それとも、この若者たちの共同体の一員として死ぬことで、今まで生き延びてきた生を若者たちに捧げようと言うのか。生きて帰る道は自ら捨て、妻子のもとへは魂となって帰る、いずれにせよ、何かが彼にそう覚悟を決めさせた。

が、ハプニングが生じる。出撃直前、宮部は、自分の特攻機のエンジンが不良であることを知るのだ。このまま出撃すれば中途で脱落し、海か島かに不時着するだろう。無論、開戦から一貫して生を選択してきた宮部が、この期に及び自ら特攻を志願した以上、故障機と知りながら不時着して生き永らえる意味はない。彼は、かつて自分の命を助けてくれた大石にその機を譲る。大石も同じ回に特攻に志願していたのである。

こうして宮部は、妻子のために戦局の最後まで保った命を、大石を救うために捨てる。無論、大石一人の命しか救うことはできない。だが、それは、国を次世代に託するという宮部の愛国心の象徴だ。妻子のために惜しみ続けてきた命を、最後に、国のためにあらためて捨て、若者一人に国の明日を託した。これが宮部の中で、妻子のために命を惜しむことと国のために死ぬこととが一つになった瞬間である。

宮部と大石は、突撃の前日、美しい河原で出会う。鹿屋基地の側、昼の日差しを浴び、爽やかな音を立てて流れる渓流だ。

大石青年は「今ほど自然の美しさを感じることはない」と語る。「今ほど、国のことを思い、家族のことを思ったことはない」と語る。静かに死を決めた青年の表情は晴れやかだ。この映画で初めて、「国」への兵士の思いが科白として語られる。まるで渓流そのもののようにこだわりなく、美しい表情と口調で。

宮部は、そう語る大石青年を黙って見つめる。狂気は完全に癒えた。宮部は、静かに死を受け入れ、ほとんど無限の慈しみを注ぐように、大石を見つめる。この場面の岡田の演技は、ほとんど神の領域に触れている。自分はこの青年を救う。そして死ぬ。妻子のことはもう言わぬ。思いから捨て去ったのではない。が、抑えかねる執着と戦ってもいない。

人は本当に愛する者を持ち、その愛の喜びの中に浸りながら死を受け入れるとき、こんなに美しい目をするものなのか。これは演技なのか、もはや演技ではあるまい。静まり返った客席から、絶えずすすり泣きが聞こえる。おそらく、皆、同じ美しい河原に自らも立ち、泣くともなく、感情の上での波立ちもなく、ただしんしんと涙を流し続けているのである。……

物語の終わり

物語は終わった。

宮部久蔵は歴史の彼方からはっきりとその栄光ある軍人としての姿を現した。

大石が宮部から譲られた故障機の中には、大石に宛てた宮部の遺書が、妻子の写真共々残されていた。大石は不時着したとき、それに気づく。

「もし、大石少尉がこの戦争を運良く生き残つたら、お願ひがあります。私の家族が路頭に迷ひ、苦しんでゐたなら、助けて欲しい」

宮部は遺書と共に妻子の写真も大石に託した。もちろん、人探しをするときに、顔を識別する必要を慮《おもんぱか》ったからではない。彼は写真を大石に託すことで、写真と共に妻子のもとに戻ることにしたのだ。が、そう言ってはみても、妻子の写真さえ身につけずに死んだ宮部が、私は不憫でならない。言いようもなく哀れでならない。

一方、内地に戻った大石は、宮部の妻松乃を苦労の末、探し当て、その生活を助けているうちに、二人は夫婦として結ばれる。……

万言を費やしても説明できない真実

これは、しかしどういうことなのか。

結果だけを見れば、宮部は大石に妻と子を託して死んだことになる。だが、託すくらいなら自分が生きて帰ればよかったではないか。そのために惜しんできた命だったはずだ。宮部は今、内地におり、直掩機の搭乗員である。戦争は末期だ。少し辛抱すれば、生きて終戦を迎える日は目前に来ていたのである。

それをなぜ、あえて自ら、終戦の間際に、こんな不条理な死に方をし、こんな不条理な形で若者に妻子を託したのか。

宮部と松乃の夫婦生活はごく短いものだった。だが、その短い中で、深くこまやかな愛を育み、子をなした。原作にはない夫婦仲睦まじい場面を映画は挿入している。三分もないであろう。だが、こまやかな愛に満ち、たとえようもなく美しい一コマだ。松乃はどれほど宮部を愛し、必要としていたことか。宮部は、どんなにか命を大切にし、妻子のもとに戻りたがっていたことか。

宮部の出撃の話を聞き終えた姉の慶子が、大石に向かって「宮部は、妻子のもとに必ず帰ると言ったのに、なぜ特攻を選んだの？」と、ほとんど詰問のように問うたのは、当然と言えるだろう。

それに対して夏八木演じる大石老人は答える。

「はっきりとは言えない。言葉にはできないし、言葉では語れない」

夏八木がこの科白に込めた万感は、岡田の最期の抜けきった諦念の表情に対応している。問題を曖昧にしているのではない。理由がはっきりしないのでもない。理由は岡田の演じた最期の宮部の表情の中にある。あれがそうだ。だが、これは万言を費やしても説明はできない。ただ、映画を見る我々が、宮部の死を岡田のあの表情を通じて受け入れたとき、それはたしかに私たちにも共有されている。そういう形でしか表せず、分かち合えない真実がある——。夏八木のこの科白は、我々にそう注釈しているのだ。

実際、この「宮部は、妻子のもとに必ず帰ると言ったのに、なぜ特攻を選んだの？」という問いは、大石にも直ちに跳ね返る。

大石は宮部をどれほど尊敬していたことだろう。命を捨てるつもりで守ったほどだ。自分の命より大切な人物だったのだ。その宮部の妻である松乃は、ほとんど神聖な存在だったに違いない。その人を自分の妻にする。日常的な感覚ではあり得ない選択肢である。

一方、松乃から見た大石は、夫が身代わりになって死んだ青年だ。夫は自分との約束をはっきり自覚して反故《ほご》にしたのだ。そして松乃には何の意味もない路傍の青年に過ぎぬ大石に後事を託した。その男がのこのこ目の前に出現した。三重の裏切りではないのか——。

その二人が結婚する。三人それぞれが、平和の時であれば受け入れられない運命を引き受けたのである。逆にもし慶子が言うように、宮部が自分の帰還を選んでいたら、大石は死に、祖父としてここにはいなかった。慶子のこの問いはその意味で、大石に対して、また大石を祖父としてきた慶子自身の過去に対して過酷な問いかけとも言える。

最後に大石は言う。

「私たちだけではない、戦争を生き残るということはそういうことだったんだ。日本人全員にそういうドラマがあった。だが、みんな何もなかったかのように戦後を生き延びてきたんだ」

あの戦争で、戦死した二百三十万もの兵士の大半は、若い男性だった。それだけの若い命がたった三年八カ月の間に消えた。民族のこれ以上ない酷薄な運命は、その後を生き延びた全日本人、全家族が、それぞれに引き受けねばならなかった。夏八木はこの科白に、俳優人生の最後を託したかのように、全身全霊で重みを与えている。

戦争の不条理を引き受けて生きるということ

こうして、祖父・宮部久蔵について、聞けるだけの全てを確かめた佐伯健太郎は、目を泣き腫らしながら、外に出た。散策を楽しむ人々の笑顔が目に飛び込む。何と平和な光景か。遊歩道を、乳母車に乗った赤子をニコニコ見守る若い父母が通る。恋人たちが幾組も、愉しげに戯れている。老夫婦がおり、家族連れもいる。

それを茫然と見ている健太郎の目の前に、突如宮部久蔵の乗った零戦が音もなく現れた。宮部は、健太郎に向かい敬礼して飛び立つ。もちろん健太郎には、この幻の宮部機が飛び立った先は分かっている。特攻だ。死にゆく瞬間の宮部を、今、健太郎の心眼が、たしかに見ているのである。

特攻機に乗り込むときの宮部の表情は、景浦によれば「あれは死にに行く者の顔じゃなかった。家族に会いに行くような、ようやく家に帰るような安らかな顔だった」。

今、まさにそのような顔で、宮部は健太郎に敬礼している。美しい朝焼けの中、この世への執着を断ち切った優しい表情で。そこがそのまま妻子のいる世界であるかのように、幸せそうに。

そして宮部機は飛び立つ、死の旅に。

健太郎は飛び立つ機を見つめながら、突如、大声を振り絞り、全身を捩《よじ》り、号泣する。このとき、観客も共に、この号泣を共有できたならば、宮部の死は今に生きているだろう。

健太郎の振り絞るような号泣は一体何なのか。これは悲しみなのか、憤怒なのか、感動なのか。

無論、今が平和でよかったなどということではない。自分の祖父だけが、この平和を味わえずに死んだことへの憤りでもあるまい。戦争への非難でもなかろう。宮部が死なずにいれば、大石というあの優しい祖父は存在しなかった。逆に、確実に大石は赤の他人として六十年前に死んでいた。宮部の物語は健太郎に血縁上の祖父・宮部久蔵への深い尊敬の念を与えた。が、その宮部の死を惜しむとき、彼は祖父として敬愛してきた大石の生を否定することになる。宮部の死を代償にしたことによる、松乃と大石の人知れぬ苦しみもない代わり、大石であるからあり得た幸せと健太郎の現在も、全く違ったものになっていた。

これが人生であり、国家であり、戦争というものである。そこには、自由と浮薄さに溢れ過ぎていて、かえって人々の閉塞感を嵩《こう》じている平成の人生には到底考えられない、不条理と悲劇と苦悩が目一杯詰まっている。健太郎は、宮部という祖父の来歴を調べようとして、期せずして、そうした生と死とを引き受けた人たちの深刻な命のやり取りの不条理劇を見ることになった。

そして、今、飛び立つ特攻機上の幻影の若き祖父に向かい、健太郎は、身を捩り泣き叫ぶ。彼はこのとき、その不条理劇の全体を理解し、受け入れた。全てがあまりにも愛しく、受け入れられないほど美しく、惜しく、悲しかったからだ。

我々の人生の空疎さが問われている

こうして、未来の孫の号泣に送られて、宮部機は特攻突撃に飛び立つ。

画面は、冒頭の突撃シーンを引き継ぎ、昭和二十年六月、南西諸島沖太平洋上に切り替わる。

宮部機は、アメリカの艦船に着々と近づく。水面すれすれだ。アメリカのレーダーに捕捉されないためである。スピードは上昇し続ける。唯一エンジンの稼働する現存の零戦のエンジン音をそのままとった本物の爆音がうなりを上げる。無数の砲弾が撃ち込まれる。面白いように弾は逸れる。艦船にそのまま水平突撃する寸前で、宮部機は突如急上昇し、砲弾を浴びつつ、戦艦の真上に達した。

被弾する。激震が走る。翼が火を噴く。そして、炎上しながら、垂直に戦艦に突入するのである。垂直の位置につければ無数の砲弾を浴びようが、もはや百発百中である。

この下降に入ったときに、カメラは操縦する宮部を捉える。決死の表情で突撃する宮部。強烈な爆音と共に艦突撃へ、顔を歪めながら、最後の、そしてコンマ一秒の世界。……

画面は暗転し、「永遠の0《ゼロ》」という文字が浮かび上がる。

宮部久蔵という人生の時計の針が止まった瞬間だ。それは単なる死ではない。その瞬間に敵艦は粉砕された。そしてまた、その瞬間に、別の愛の成就が決まったのである。宮部は死の向こうに圧倒的な存在の気配として大石と松乃の後半生を包み込むことになるからだ。

宮部の死を媒介した零戦の時間もここに凍結される。国家と個人の愛との相克を乗せ続け、アメリカとの死闘の主役となった零戦とは何だったのか。その問い自体が、この瞬間に凍結されたのだ。

その後、画面は、銀色に輝く太平洋を映す。宮部の肉体が消えた海だ。何もなかったように静かである。その海の広々と輝く銀波は、輝かし過ぎて、目に痛い。

サザンオールスターズの『蛍』という新曲が流れる。

愛の歌が途絶えるように
心の灯りが消えたの
たった一度の人生を捧げて
さらば友よ　永遠《とわ》に眠れ
（略）
何のために己を断って
魂だけが返り来るの？
闇に飛び交う蛍に連れられ
君が居た気がする

愛と悔恨の感傷に身を委ねる典型的な桑田佳祐の世界である。無論、国家も特攻もここにはない。蛍が出てくるのは、知覧特攻隊の蛍の逸話によるのだろうが、その意味をこの歌詞が拾っているとは思えない。だが、ここまで見てきた観客は、画面と桑田のブルースの静かな絶唱とが、不思議なほど溶け合い、宮部への優しいレクイエムになっていることをはっきり感じざるを得ない。

映画『永遠の0《ゼロ》』は、こうして最後まで戦後ヒューマニズムへの傾斜と、それへの批判とに、鋭く亀裂して終わる。観客は涙に濡れながら、その感動の質が何によるのか、実は、深い混乱の中に置かれることになる。

この映画の中で裁かれているのは、一見戦争の悲惨さに思えるが、実は、本当にこの映画が問うているのは、戦争を完全に過去の遺物と思い込み、置き去りにしてきた戦後の平和が生み出した我々の人生の空疎さの方だからである。

照らし出された亀裂

この映画が鋭く提示してみせた戦争対平和、大日本帝国対今の日本という亀裂は、実は、どのように、この過去を取り上げても、我々を混乱と誤解の只中に差し招く。我々にとってこの問題は、過去ではなく、今現在の我々自身の人生の意味と直結しているからである。そのことは、実は、時を同じくして、相次いで夏に公開された二本の映画、『風立ちぬ』と『終戦のエンペラー』にもはっきり表れている。そしてまた、この映画の原作である小説『永遠の0《ゼロ》』とこの映画との間にも、亀裂としてはっきり表れている。

我々は、映画『永遠の0《ゼロ》』によって照らし出された亀裂を杖に、これら諸作へと、さらに踏み込んで、旅をしてみようではないか。

本当のあの戦争に近づくために。そしてまた、戦後の日本を知り、今の私たちの生の意味を知るために。

第二章　「戦後日本」の美しき神話

――映画『風立ちぬ』のアンビバレント

宮崎映画は「戦後日本」の神話である

宮崎映画は戦後日本が生んだ最も美しい神話の一つである。

だが、そもそも「戦後日本」とは何か。

言うまでもなく、大東亜戦争終結後の日本を指す。

奇妙なことだ。昭和二十年から見て既に六十八年、サンフランシスコ講和条約が発効し、占領が解消してから数えても六十一年が経過している。「戦後」という時代区分を用いるには、戦争そのものはあまりにも遠い過去であろう。それにもかかわらず、我々は「戦後」という言葉を、いまだに違和感なく現代日本を示す時代区分に使っている。

なぜなのか——。戦争と占領によって区切られた時代が、あまりにも強烈に戦争前の日本と異質であり、戦争直後に作られた国の形が、あまりにも強烈に今まで持続しているからだ。

では、その「戦後日本」の特質をもし一言で言えばどうなるか。

日本の外で起きている現実を一切見ず、一切ないことにして「平和国家」という閉鎖された時空に閉じ籠もり続けた時代だと言えよう。

もちろん現在の日本は、百九十四カ国と国交を持ち、貿易総額は年百三十兆円以上に上る。

海外との人の移動も訪日が八百三十六万人、海外渡航者が千八百五十九万人だ。

こうした表面上の数字を見れば、日本は充分、世界に対して開かれている。私が「戦後日本」を閉鎖的な空間だと言うのは、そういう統計的な意味ではない。その一見開かれた日本を支える根本にある嘘を指してのことだ。

「戦後日本」は、日米安全保障条約を核とするアメリカの軍事力の庇護のおかげで、平和と繁栄を享受してきた。もし仮に、日本の領土からアメリカの軍事力が完全に姿を消せば、中国を始めとする近隣諸国の野心によって、日本の独立は――ウイグルやチベット同様――瞬時に終わる。アメリカが、中東への関与を放棄すれば、日本のタンカーは中東の石油を安全に入手することは不可能になる。要するに、アメリカ抜きに「戦後日本」は成立し得なかった。それにもかかわらず、我々日本人は、その、自らの生存に関する最も本質的な事実から目を逸らし、「平和憲法」のおかげで平和が続いたというフィクションを信じ込んでいる。なぜ自分たちが生存できているのかという基本的事実を頑なに見ようとしない意識――それを私は閉鎖的だと言うのである。

世界史をひもとくまでもなく、長きにわたって平和を維持するのは非常に困難なことだ。主として宗教と食料と資源をめぐる戦争が古来繰り返された。領土拡大や、他民族の征服という黒い欲望、また自分たちと異なった皮膚の色や言語・習俗を見ると殺戮したくなる邪悪な衝動は根深い。世界史は不条理な血に染まっている。

そうした容赦ない残忍な闘争の繰り返しから、世界の主要文明圏で唯一例外的だったのが日本文明であることは、既に書いた。平和であることと高度な文明圏であることの両立が、こんなに持続した国は、日本以外に存在しない。大した努力もなしにこれだけ平和が基調となっている歴史は世界に類を見ない。日本人には、平和は、歴史的に、水や空気と同じように馴染み深く、自然なものであった。それだけに、「戦後日本」の平和も、我々日本人のＤＮＡには、むしろごく自然なものとして受け入れられているのであろう。

平和と流血との矛盾から目を背けてきた日本人

だが、今までの日本史の「平和」と、「戦後日本の平和」とは決定的に違う。

第一に、それは今述べたようにアメリカの軍事力、とりわけ核武装によって守られた平和だということである。第二に、地球は既に一つとなり、平和はもはや努力や代償なしに守られるものではなくなっていることだ。

その現実は、既にアメリカの太平洋での軍事力の後退の隙をついて、中国が尖閣諸島、さらに沖縄への領土的野心を剝き出しにしていることにはっきり表れている。冷戦が終わった一九九〇年の段階で、日本の三分の一に過ぎなかった中国の軍事予算は、その後二桁成長を続け、現在では日本の二・四倍に達している。軍事力の我が国との逆転状態は、日本がよほど抜本的な政策転換をしない限り今後拡大し続ける一方だ。

尖閣海域では、既に、中国の艦艇が常時パトロールし「自由かつ頻繁に侵入してくるという状態」に至っている。本書執筆時点で最新のニュースでは、平成二十五年十月一日に、中国海警局の船四隻が侵入し、昨年九月の尖閣国有化以降、中国船の侵入は、計六十七日となったという。この一年、中国は日本領に、五日に一度、侵入を繰り返しているのである。尖閣は中国領だという世界での宣伝戦もヨーロッパにまで浸透している。

沖縄に関する情報戦も深刻だ。平成二十五年の終戦の日、中国共産党機関紙の人民日報は「尖閣諸島（沖縄県石垣市）だけではなく沖縄も日本の領土ではない」とする論評記事を掲載した。沖縄独立運動を促す世論が、中国人に浸透しつつある。先に記した軍事バランスの逆転を考えれば、もはや、「戦後日本の平和」は終わったと言わざるを得ない。「平和を愛する諸国民の公正と信義に信頼して、われらの安全と生存を保持しようと決意した」日本国憲法の世界観は完全に破綻しているのである。

つまり、今我々日本人が現実に立っている場所は、もはや四方を海に守られた日本ではなく、国際社会とりわけ軍事的野心を剥き出しにする中国に裸でさらされた日本なのだ。にもかかわらず、明確に日本をターゲットにしている中国の前で、日本は、ほとんど何の手も打たず、国民の危機の自覚は極度に希薄だ。

我々は、冷戦の終結とアメリカの退潮、中国の日本への領土的野心を受け、再び明治日本と同様、国際社会での立ち位置を自ら決め直さなければならぬ時代を迎えている。実際大日本帝国は、この裸でさらされている実感を全身で受け止めながら、当時の帝国主義の世界で孤軍奮闘、独立を守るために戦争を続けたのだった。むろん、あの頃と違い、強国同士が剝き出しの領土的野心を持つ時代を再現してはならない。逆に、そうした時代錯誤な領土的野心を抱く中国を徹底的に封じ込めつつ、日本のナショナルアイデンティティを再構築することこそが、今の日本の切実な課題だろう。

私は、純粋な平和への希求という理想をくだらないとも、不要だとも言うつもりは全くない。だが、現実から目を背けることが理想を生きることではない。逆に現実を直視したときにしか、人は本当に理想を欲しはしない。そして理想が真に力を持つのは、それを痛切に必要とする人に対してだけである。だから、平和憲法という空想に立て籠もっているだけの戦後日本では、残念ながら平和という理想が本当の力を持つことはなかった。

自分がどんな清潔な平和主義者だろうと、その平和を守っているのは、その清潔な平和主義とは全く関係ないアメリカの核兵器だ。そして、アメリカの軍事力に信用を与えているのは、アメリカが、世界中で保安官の役割を担い、アメリカの若者が絶えず外地で死に続けている事実だ。つまり、邪悪な兵器であるはずの核と、アメリカの若者の血が、日本の平和を支えている。これが現実なのである。

人間は、自分の生存の内側に、どうしようもなく不条理な邪悪を抱え込まざるを得ない生き物なのだ。戦後の日本だけが、いくら自分だけはそうした内なる邪悪とは関係がないと思い込み続けたところで、現実に、邪悪との回路を断ち切ることはできない。

この自己がしっかりと組み込まれてしまっている文明と戦争の矛盾、平和と武器、平和と流血の矛盾を見ないこと――これこそが「戦後日本」の閉鎖性なのである。

「戦後日本」に守られて見続けた夢

宮崎映画はとびきり美しい。それは世界で最も優れたファンタジーの一つだろう。ファンタジーは、今述べたような醜悪で重く複雑な「歴史」「国家」「政治・経済」「戦争」という、人間の生存の根本的なファクターを積極的に排斥することによって成立する。宮崎映画が、世界に稀なほど美しい神話たり得ているのは、まさに「戦後日本」が、国を挙げて「歴史」や「国家」の現実を見ないできたためだ。国そのものがファンタジーだった。宮崎映画は、「歴史」や「国家」の現実を見ないための努力や、そうしたファンタジーの非現実性を乗り越える努力を必要としなかった。だから、そこには、「歴史」や「国家」の血塗られた醜悪さに抵抗することで生じる夾雑物《きょうざつぶつ》がない。「戦後日本」というファンタジックな子宮に守られ、宮崎映画は、そうした問いに直面せずに夢を見続けることができた。

つまり、戦後日本の平和という政治的ファンタジーの中で、それに対応し、そのイデオロギーを祈りと愉悦によって美化する神話——それが宮崎映画なのだ。

その象徴であり、最も高い達成が『風の谷のナウシカ』なのは言うまでもない。昭和五十九年に公開されたこの傑作では、未来と古代とが無媒介に接続され、目眩《めまい》のするほど神々しく牧歌的な世界が展開する。

二十世紀的な高度産業文明を崩壊させた最終戦争の千年後の、小さな谷間の村が舞台である。「文明」は徹底的に醜悪として描かれる。例えばそれは、巨大な軍機として出現する。文明側の人間たちは、皆、軍人の姿を取る。ナウシカの敵方の長、皇女の命《みこと》は冷酷で、直属の司令官は、狡猾だ。兵士たちは個性を剥奪された暴力装置としてのみ機能する。これがこの映画の描く「文明」だ。そして、その「文明」の遺産は、大地を覆うように拡大し続ける、猛毒を放つ腐海《ふかい》として出現する。この「文明」という醜悪の後に、風が暗雲を吹き払ったように、美化された古代、おとぎ話のような美しい「反文明」の桃源郷が出現する。それが「風の谷」である。

この谷に吹く風に乗って現れる、愛深く、勇気ある少女がナウシカだ。

そのナウシカが、ある日腐海の下で、大地が自浄作用によって美しく甦っていることを知る。

ナウシカはいわば大地の自浄作用の精霊なのだ。そしてまた、空を飛ぶ空気の妖精のようでもある。風が吹き、ナウシカが自由に羽ばたくと、世界はその風に清められる。この、淡く明るい光に満ちたナウシカ的世界で、それを脅かす邪悪な文明と純粋な愛とがぶつかり合い、物語は展開する。文明の汚濁の果てに出現した巨大な怪虫オームを巨神兵という禍々《まがまが》しい文明の負の遺産によってねじ伏せようとした皇女の命らの試みは失敗する。一方、怒り狂ったオームの群を鎮めようと身を投げ出し、踏みつぶされて死んだナウシカは、女神のように甦り、オームは無害化される。この女神としてのナウシカの死と復活が、映画のクライマックスであることは、見た人は皆知っていよう。

このとき、我々は、人間が営んできた「文明」と、それを体現する必須の単位である「国家」をすっかり忘れて、この美しい神話に見とれている。しばしの夢である。現実に帰りたくなくなるほど美しい夢である。モーツァルトの『魔笛』が純潔な童子の夢であるように、また、ヴァグナーの『トリスタン』が、逆説の上に咲いた極上の美しい悪夢であるように。しかも、『魔笛』や『トリスタン』と違い、『ナウシカ』は、あれほど崇高な時間が、子供の胸にもまっすぐに響くほど、分かりやすい。それはまるで奇跡のようだ。……

そこまではいい。

『風の谷のナウシカ』における文明への懐疑

問題はその先なのである。宮崎映画が、「戦後日本」という、国家たることを自ら封印した国に守られて、その言語空間の中で語られた物語だという点に、宮崎映画が内包する端的な矛盾がある。この矛盾を抱え込んで宮崎映画は一層美しく、しかしこの矛盾ゆえに、一層いかがわしい――。私は、そのいかがわしさを語らねばならない。

国家は、人間の属する最大の利害集団だ。国家がなければ人間は途方もなく不安定な空間に投げ出される。トマス・ホッブズの言う「万人の万人に対する闘争」状態になる。力と欲望が剝き出しになる。法も適切な分業も商行為も成立しない。それどころか一身の安全さえ保障されない。そうした状況を適度に抑制する上で、結果として最善の単位が調整され、徐々に形成されたのが国家である。――こう言ってしまえば議論はあまりに単純化されてしまうが、少なくとも、人間が人間らしく生存する基本的な集合体として、国家以上に合理的な単位を考案することは、まず不可能であろう。だが、同時にそれは、醜悪なものをも内包している。国家は、貧富の差を生み、権力の集中を生み、内にも外にもしばしば不条理な情念を掻《か》き立て、革命や戦争が生ずる母体でもある。

国家があるから戦争が起こると言いたがる人々がいる。だが、戦争を起こすことを可能にするエネルギーが、他方で、文明の建設という異常な努力を可能にしたのである。文明は、他国や他文明からの防衛努力を通じて発達した。また、破壊と征服の情熱が過ぎ去ると、人々は、より高度な建設への情熱に取りつかれた。国家がなければ、建築物や交通手段のようなインフラも、宗教、文学、学術などのあらゆる文化的な営みも、今見られるような高度な水準に達することはあり得なかった。

戦争と国家と文明とは、互いに切り離し得ない鎖なのだ。

だからこそ、宮崎は人類の文明自体を邪悪だと見ようとするのであろう。だが、文明の否定として出現する「風の谷」の美し過ぎる暮らしの風景は、文明に骨の髄まで浸かっている鋭敏極まる感性でなければ生み出し得なかった美でもある。宮崎の理想郷は文明以前への回帰だ。宮崎にとっては、空想された古代が理想の未来だと言ってもいい。だが、「風の谷」のように洗練され、生活苦と汚れから程遠い古代はないだろう。

しかも宮崎映画は、それそのものが人類史上最も高度な文明の産物でもある。現代最高の映像、音響技術によって初めて可能な世界であるのは言うに及ばない。が、それだけではない。あれだけ知性と美とイマジネーションに溢れたアニメを作り出せる体制が可能なのは、国家による高度で強制的な教育が人材を大量に養成しているからだ。また、日本人の繊細な美意識、職人的なモラルも欠かせない。日本以外の国で、宮崎映画は生まれまい。まして「風の谷」で、映画『風の谷のナウシカ』は絶対に作れない。

要するにこういうことだ。『風の谷のナウシカ』では、文明が戦争を生む悪として告発され、文明以前の夢が語られる。だが、現実には、国家が戦争を通じて、文明を生み、文明の最高の到達点の一つである現代日本が、宮崎駿という高度な個性を生み、また、最高水準のスタッフを生み、それを鑑賞する知的大衆までをも生み出したのである。

無論、文明への忌避の感情は、文明への強い志向と共に、我々人類の深い本能と言っていい。子供が皆宮崎映画を愛するのは、そこに人類の底に眠る文明忌避の強い本能が、邪念なく表現されているからだろう。

高度な文明によって初めて可能な宮崎映画が、文明への根本的懐疑を謳う。映画そのものが身を投げ出して、そのパラドックスに美しい橋を架ける。その類稀な緊張感が、『ナウシカ』の、作品としての論理性を辛うじて保証している。国家忌避国家である「戦後日本」に守られた文明忌避の物語というい かがわしさを、作品に漲《みなぎ》る夢の純潔さが突破する。『風の谷のナウシカ』が傑作たる所以である。

『永遠の0《ゼロ》』前史と悲恋の融合

では、その宮崎による、最新作『風立ちぬ』はどんな「夢」であり、どんな「神話」なのか。

ところがそれは、驚くべきことに、「神話」ではなく、宮崎映画初の歴史物語として現れる。

それも、よりによって、あの醜悪な戦争の産物であるはずの戦闘機、零戦の設計者・堀越二郎を主人公にし、零戦誕生までを追った作品なのである。『永遠の0《ゼロ》』は零戦で戦う男の物語だった。だから零戦を作る男たちの物語である『風立ちぬ』は、さながらその前史ということになる。

だが、話は単純ではない。宮崎は、そこに、堀越と同世代の作家・堀辰雄の小説『風立ちぬ』の世界を重ね合わせるからだ。映画『風立ちぬ』の主人公の名前は堀越二郎であり、たしかにあの零戦設計者であるのだが、私生活の面での主人公は、堀辰雄の小説世界に完全に重ね合わされている。しかも、前半は飛行機製作者堀越の青春物語だったはずの映画は、後半、極端なまでに堀辰雄の悲恋の世界に比重を移してゆくのである。

小説『風立ちぬ』は、堀辰雄が、自らの実体験を小説にしたものだ。主人公の「私」は、肺病に冒されている節子と出会い、恋をする。彼女は軽井沢の美しい白樺が散在する原で絵を描く。画架の側で寄りそう二人に風が立つ。「風立ちぬ、いざ生きめやも」というヴァレリーの詩句が「私」の口をつく。直訳すれば、「風が立った、生きねばならぬ」というところだが、「やも」という反語が、「生きねばならぬ」という決意を自ら疑う翳りともなり、口ごもりとなる。生を語る二人だが、実は死と隣り合わせにある。生きたい、生きねばならない、だが生の日は限りある。

……二人は婚約する。節子の肺病は重くなる。彼女は山麓《さんろく》のサナトリウムへ転地療養する。病の重くなった節子と私の日々は溶け合うように美しく、また、死の強い予感の中、二人の心は限りなく繊細なニュアンスで愛を交わす。

それらの夏の日々、一面に薄《すすき》の生《お》い茂《しげ》った草原の中で、お前が立ったまま熱心に絵を描いていると、私はいつもその傍《かたわ》らの一本の白樺《しらかば》の木蔭《こかげ》に身を横たえていたものだった。そうして夕方になって、お前が仕事をすませて私のそばに来ると、それからしばらく私達は肩《かた》に手をかけ合ったまま、遥《はる》か彼方《かなた》の、縁だけ茜色《あかねいろ》を帯びた入道雲のむくむくした塊りに覆《おお》われている地平線の方を眺めやっていたものだった。ようやく暮《く》れようとしかけているその地平線から、反対に何物かが生れて来つつあるかのように……

（堀辰雄「序曲」『風立ちぬ・美しい村』）

小説『風立ちぬ』の全体としての印象を吸収して、映画は切ない恋の物語をどこまでも美しく見せる。ヒロインの名前は、節子ではなく、堀の別の小説から菜穂子を取り、エピソードの端々にはこの小説も引用されるが、大筋は『風立ちぬ』の世界だと言っていい。

堀越二郎の、飛行機製作に人生を賭ける物静かだが芯の強い存在感と、堀辰雄の恋の世界とが完全に溶け合うまで描き抜き、しなやかな一人の男性像を生み出すことに成功している。

実に美しい映画だ。

戦闘機を描きながら戦闘シーンが全くない

宮崎映画がアニメだという理由で、底の浅い作品だと軽蔑したがる人もいるが、もちろん違う。先に書いたように、宮崎映画は「戦後」と「日本」という特殊な組み合わせから生まれた神話である。それは「神話」であり得るために、アニメーションという媒体を特に必要としたのである。それを象徴するのが、観客を無重力的な空間に遊ばせる飛翔シーンだ。観客は、映画を見るうちに、地上の現実から飛び立ち、無限定な空間へと自己を解放する。身体感覚としての無重力感が、心理的な解放感と直通する。この飛翔シーンは、宮崎映画にあって、作品世界が、あらゆる歴史的、国家的な拘束から解放されていることを観客に体感させる装置だと言っていい。

『風立ちぬ』は、まさに、その「飛翔」それ自体を主題としている。宮崎のような優れて知的な芸術家が、引退作品で、自作を特徴づける「飛翔」を偶然主題に選ぶということはあり得ない。

実際、この映画では、局面ごとに、風が立つ。

微風ではない、世界を揺るがすような不穏な風だ。「風立ちぬ、いざ生きめやも」という小さな詩心から独立し、風そのものが、映画世界を引き裂かんばかりに激しく吹きすさぶ。

その猛烈な突風は、少年時代の堀越二郎の夢の中で、まず吹く。イタリアの飛行機開発者カプローニ伯爵の飛行機が起こす風だ。次は郷里から上京する大学生・堀越二郎を乗せた汽車で、風が立つ。車両の連結部分で本を読みふける二郎の帽子が激しい風で吹き飛ばされる。それを偶然隣の連結部分にいた、まだ少女の菜穂子が身を乗り出して受け取る。二郎は思わず「ナイスキャッチ」と叫ぶ。

今度は数年後、すっかり大人の女性になった菜穂子と二郎が軽井沢の草原で偶然再会する。絵を描く菜穂子が立てていた白いパラソルが風で飛ばされる。まるで魔神的なものの訪れのように激烈で暗い風だ。今度はパラソルを受け止めたのが二郎で、「ナイスキャッチ」と呼びかけたのが菜穂子なのは、いかにも宮崎映画らしいウィットである。二郎は、数年の間にすっかり大人になった菜穂子に気づかないが、「ナイスキャッチ」と言ったとき、菜穂子はこれが宿命の再会であることにはっきり気づいている。……

もちろん、飛行機を製作し、これを実験場で飛ばす度に、そこに激しい風が立つのは言うまでもない。

そして、風が吹き止むと、その後には、まるで風に清められ、洗い直されたように、宮崎映画らしい美しい夢の世界が出現する。

美しい夢と言えば、何しろ零戦そのものが、この作品では徹底的に美しい夢なのだ。戦闘機なのに、戦闘シーンが全くない。映画最後に、大東亜戦争後に残った零戦の残骸の山が出てき、映画の隅々では戦争批判が暗示されるが、それは所詮、映画の主要なメッセージとはならない。宮崎は、零戦から「国家」と「歴史」の現実の影を極力洗い落とし、美しい飛行機という記号にとどめるよう、細心の注意を払う。まるで、この映画で繰り返される突風は、そのための悪魔祓《ばら》いの儀式のようだ。

一方、堀辰雄を下敷きにした場面は、ヨーロッパへの堀の憧憬を軽井沢に流し込んだ一連の叙情小説がイメージの下敷きだ。昭和戦前の日本はあまりに貧しく、軽井沢はどう力んでも、ヨーロッパの避暑地ではなかった。その意味で、堀辰雄の軽井沢小説を、さらに美しく仕上げた映画『風立ちぬ』の高原風景は、やはり宮崎らしい夢だと言えよう。

実際、映画にはドイツの反ナチス派の情報部員と思われるカストルフという人物が出てき、軽井沢のホテルを「ここは夢の場所、嫌なこと、全部忘れる」と言う。二郎の夢に現れるカプローニ伯爵が「この世は全て夢」と言い「飛行機は呪われた夢だ」と語るのと一対である。カプローニはイタリア人なのだから、二郎も併せ、日独伊三国同盟それぞれの国の戦争忌避者、いわば国の運命から超脱した三人が、それぞれに「現実」以上に「夢」を大切にしているという構図になる。

画面から溢れ出す色彩のマジック

こうして零戦を扱うはずの映画は、風と軽井沢と夢見る外国人たちという道具立てによって、現実の歴史を忌避して、「夢」と化する。

いや、何も軽井沢だけのことではない。

零戦を作る三菱内燃機の設計事務所、工場、広場での航空実験という堀越二郎の日常もまた、「夢」のように美しい。

では、宮崎は、歴史的事実を描いているはずの映画を、どのようなマジックで夢へと違和感なく移植しているのか。

色彩である。

私は、映画を見ながら、まず何より、画面から溢れるあらゆる色彩の、あるときは淡く、あるときは濃密な美しさに驚いた。色彩の乱舞と言いたい場面もしばしばだった。これだけの美の氾濫が、アニメーションに可能なのかとさえ思った。

例えば――全編美しさの溢れなので、どこでもいいのだが――昭和になって間もなくの頃の、隅田川の夕暮れの場面の美しさはどうだろう。アニメーション映画の従来の可能性を完全に凌駕する絶美の映像ではあるまいか。夕焼けに染まる空、その空が映る川面、そして一銭蒸気という乗合の小船がガタガタ音を立てながら、隅田川を渡る。

ほんの短い場面である。

空の色を見て、私は思わずモネを連想した。そんなことがあり得るだろうか。宮崎個人の美意識で色やタッチを出しているのではあるまい。ジブリの工房での共同作業である。もちろん、アニメーションで美を生み出す達人が集まっているのは分かる。が、集団工房から生み出されるアニメーションの一場面が、よりによってモネを私に連想させる。それほど精妙で豊富な美が、アニメーションで達成されていることが信じ難い。いや、そこまでの美しさがそもそも必要なのか。

その美は、戦前昭和の隅田川の夕景を包み込み、紫と赤を無限の多彩さで流しつつ、私を誘惑する。それは、あるときは水田の息をのむ美しさとして現れ、あるときは高原の緑の、光に織りなされる無限の濃淡として現れる。空も美しい。クリーム色にほのかに紅が差す夕暮れの空の色のセンチメントはどうだろう。一方、青空には豊かな入道雲が立つ。実験飛行中の零戦がそこを舞う。こうなると、これは完全に映画『永遠の0《ゼロ》』と同じ美のモチーフではあるまいか。

実際、映画作りのコンセプトである「企画書」を読むと、宮崎自身この映画では日本の風土の美しさにこだわろうとしていたようである。

大正から昭和前期にかけて、みどりの多い日本の風土を最大限美しく描きたい。空はまだ濁らず白雲生じ、水は澄み、田園にはゴミひとつ落ちていなかった。一方、町はまずしかった。建築物についてセピアにくすませたくない、モダニズムの東アジア的色彩の氾濫をあえてする。道はでこぼこ、看板は無秩序に立ちならび、木の電柱が乱立している。

（映画『風立ちぬ』パンフレット）

だが、「最大限」は、実際の映画において、宮崎自身の企図を大きく超えていると言うべきだろう。緑なす山の美しさ、空の美しさ、雲の美しさだけで、ここまで、画面に詩情が溢れるとすれば、それは描写を超えて、色彩という主題の立ち現れと呼ぶほかないからだ。そしてこの美こそは宮崎の日本への信仰告白ではないか。無論、映画に描かれた美は、日本の風土に限らない。何度か登場するヨーロッパの風土も充分に美しい。しかし、それらは宮崎の繊細な美意識を潜り抜けた日本の美の一部と言った方がはるかにふさわしい。

冒頭、少年時代の堀越二郎が、イタリアの飛行機開発者カプローニ伯爵を夢に見る場面で、映画は飛行機製作という主題を打ち出すのだが、そこで、堀越少年は、カプローニに向かい「日本の少年です」と自己紹介する。私には、これが密かな宮崎自身の告白に聞こえる。宮崎が映画の端々で、国家をいくら嫌悪してみせようと、彼の中には、永遠の「日本の少年」が今も静かに息づいている。この「日本の少年」が大人になり、後年、『ナウシカ』を始めとする数々の神話を生み続けた。そして最後の仕事に、唐突にも、堀越二郎という「零戦」の生みの親の伝記風フィクションに挑戦した。宮崎は文明も国家も忌避し続けた。ところが、彼の中の何かが、いつも彼に囁《ささや》き続ける、君は永遠に「日本の少年」なのだ、と。

その「日本の少年」としての宮崎と、国家忌避者としての宮崎は、おそらく、生涯にわたって、絶えず対立と相克を繰り返してきたはずだ。その相克は、今まで制作してきた純粋な創作アニメでは、遠い世界の暗喩としてしか、現れずに済んだ。

だが、今、零戦という主題に、引き寄せられるように取り組むことになったとき、彼は、この相克に正面から向き合わざるを得なくなる。

映画監督として、一人の表現者として、かつて「日本の少年」だった老芸術家の最後のこだわりとして。

だが、彼は本当にそれに向き合えたのだろうか？

歴史から逃げてしまった宮崎

『風の谷のナウシカ』は文明忌避の神話だった。それが美しさでもあり、危うさでもあった。文明がなければこの映画は存在し得ない。自らの尻尾を喰う蛇のように、『ナウシカ』は文明を、思想的にも美的にも徹底的に喰い殺す。激しい映画だ。映画全てを挙げて、自己矛盾に身悶《もだ》えしている。それが、逆説的に『ナウシカ』のリアリティを保証している。『ナウシカ』は、文明という父を殺害する父殺しの神話なのである。否定は徹底的だった。だからこそ『ナウシカ』は純潔を保ち得た。

ところが、『風立ちぬ』ではそうはゆかない。素材が、つい八十年ほど前の史実だからだ。これを、歴史を舞台にしたフィクションだと言うのなら、話は逆だ。このフィクションの舞台は厳然たる歴史だ、そう言うべきなのだ。

なぜならこの映画は史実そのものから、フィクションとしての魅力を獲得していると言わざるを得ないからだ。零戦という奇跡が史実だから、この映画は成り立っている。宮崎は素晴らしい飛行機を空想で描いているのではない。また、全く世に知られていない幻の名機を描いているものでもない。「歴史」のど真ん中から零戦を引っ張ってきた。

白人が世界を支配するあの時代に、貧しい後進国日本で群を抜いた戦闘機が誕生したという歴史的事実が、零戦の魅力である。もし零戦と同じ性能の飛行機が同時代のアメリカや、現代の日本で誕生したとしたら魅力は失せる。だから、零戦を主役にする以上、宮崎は、歴史から自由ではあり得ない。進んで歴史に拘束されることを通じて、自分の夢を実現せねばならないはずである。

にもかかわらず宮崎は、残念ながら、この映画で歴史から逃げてしまった。まず、映画に描かれる零戦の設計者・堀越二郎が歴史的拘束からあまりにも自由であり過ぎている。

映画の堀越は、徹底して大日本帝国という国家に無関心であり、発注元である海軍にも、何ら共感を抱かない。ではなぜ零戦を開発しようとしたのか。「日本の少年」だった頃からの、「美しい飛行機を作りたい」という個人的な夢のためである。きっかけは海軍からの提案だった。だが、それは彼の中に何らの国家的感情も、共感も呼ばない。彼はそのきっかけを利用して、美しい理想の曲線の実現にひた走る。映画の堀越は、ひたすら美しい飛行機を作りたいと願う、冷静でモノマニアックな芸術家なのである。

零戦を製作する三菱側の人間は、皆、魅力的に描かれる。人間の個性も多彩で、柔らかい心の持ち主、要するに宮崎映画に典型的な、本質的に善良な人々の人情ドラマだ。「日本の少年」だった宮崎の、昭和人らしい人間群像である。ところが、軍側の人々は、最小限にしか描かれていない上、悪意を持って戯画化される。その上、堀越が特高警察に追われるという物語上全く意味のないエピソードが混入される。つまり宮崎は、堀越が、当時の軍や官憲と全く無縁、それどころか敵対さえする存在だったと暗示するのである。

零戦開発はなぜ必要だったのか

だが、もちろん、現実の零戦開発は、軍民一体だった。

実在の堀越二郎の回想録によれば、零戦の開発は、彼の夢という個人的な物語からではなく、海軍の極端に過酷な要求によって始まった。


用途……掩護《えんご》戦闘機として、敵の戦闘機よりもすぐれた空戦性能をそなえ、迎撃戦闘機として、敵の攻撃機をとらえ、撃滅できるもの。

最大速度……高度四千メートルで、時速五百キロ以上。

上昇力……高度三千メートルまで三分三十秒以内で上昇できること。

航続力……ふつうの巡航速度で飛んだ場合、六時間ないし八時間。

離陸滑走距離……航空母艦上から発進できるようにするため、むかい風秒速十二メートルのとき七十メートル以下。(無風ならこの二・五倍内外)

機銃……二十ミリ機銃二挺《ちょう》。七・七ミリ機銃二挺。

無線機……ふつうの無線機のほかに、無線帰投方位測定機を積むこと。


(堀越二郎『零戦』より一部抜粋)

歴史的実在の堀越はこの要求について、自らの著書でこう語る。

その内容にざっと目をとおした瞬間、私は、われとわが目を疑った。五月以降私が予想していた新戦闘機でも、たしかに、すでにいままでに作った戦闘機をそうとうレベル・アップしたものではあったが、私はさほど驚きはしなかったし、またそう困難なくこなせる自信もあったのである。ところが、この要求書は、当時の航空界の常識では、とても考えられないことを要求していた。もし、こんな戦闘機が、ほんとうに実現するのなら、それはたしかに、世界のレベルをはるかに抜く戦闘機になるだろう。しかし、それはまったく虫のよい要求だと思われた。

（『零戦』）

その前の、これも大変優れた戦闘機だった九六式の最大速度は四百五十キロだったが、海軍の新たな要求は五百キロだった。航続力にいたっては当時の標準の約二倍である。その上、大型の二十ミリ機銃を二挺搭載せよと言う。これらは、言うまでもなく矛盾する要求だ。航続力アップには多量の燃料の搭載が必要だし、その上大型の機銃を二つもつければ、飛行機の重量は増す。スピードと旋回能力を上げるには逆に重量を極力下げねばならない。しかも後進国の宿命で当時日本製のエンジンは他の先進諸国に比べて、性能が低かった。そのエンジンを用いて、世界基準をはるかに抜く飛行機を一挙に開発せよと言うのである。

だが、零戦におけるこの無理な要求は、海軍の技術上の無知によるごり押しではなく、国家戦略上の必要から逆算されたものだ。

当時の日本の国力は、欧米列強と伍するには著しく不足していた。とりわけエネルギー資源の確保が困難であり、国内の人口を養うだけの内需にも不足していた。日本が独立を保つためには、エネルギーと人口という二大問題を解決しつつ、列強から侵されぬ国際環境を整備する必要があった。

そして眼前の事実としては、昭和十二年に勃発した支那事変の膠着《こうちゃく》がある。戦闘だけなら日本は短時日で勝利を収めたが、蔣介石政権が奥地に逃げ、講和に応じないために、身動きが取れなくなっていた。事変の矛を有利に収めるには、あの広大な中国大陸で制空権を握る必要があった。そのために航続距離と戦闘能力の両立が求められたのである。

歴史的実在たる堀越への冒瀆

それだけに、技術の側から見れば、限りなく不可能に近い要求だった。ライバル会社の中島飛行機は話から降り、三菱の堀越はあえてその不可能に挑戦したのである。当然堀越の能力が卓越していたからだろう。だが、能力以上に、この課題に挑戦する気概が堀越にあったのである。そしてその気概は、帝国海軍と一体の気概であって、繰り返すが美しい飛行機を作りたいという個人的な夢ではない。

例えば、堀越は『零戦』で、厳しい要求が国情から出ていることを次のように正確に指摘している。

おりから、第一次大戦のあと、ワシントン、ロンドンと海軍軍縮会議があいつぎ、日本の軍艦の保有率は大幅に制限されてしまった。しかし、国際情勢はまったく予断を許さぬけわしさを加えていたから、軍艦によらない兵力の拡充をはからなければならなかったのである。そこで目が向けられたのは、かねて立ち遅れが痛感されていた航空兵力だった。（『零戦』）

当然だが、堀越に、こうした厳しい国情への海軍との共有感情がなければ、こんな無理な要求にこたえるために粉骨砕身努力をする理由もまたなかったはずである。

「航続力、速度、格闘力の三つの性能の重要さの順をどのように考えておられるのでしょうか、それをおうかがいしたいと思います。」

これに対し、終始鋭い目つきで私の発言を見まもっていた源田少佐は、机の上に出されて

いたお茶を一気に飲みほして立ちあがり、

「九六艦戦が戦果を挙げえたのは、相手より格闘力がすぐれていたことが第一です。もちろん、計画要求は確実に実現してもらわねばならないが、堀越技師の質問にあえて答えるとすれば、格闘力を第一にすべきだと考えます。これを確保するためにやむをえないというならば、航続力と速度をいくらか犠牲にしてもいたしかたないと思います。」

と、はっきりした語調で意見を述べた。これは私を信頼したうえでの答えと感じられた。

しかし、源田少佐のこの意見に対しては、同じパイロット側から反対意見が出た。

「異議あり！」といって立ちあがったのは航空廠の柴田少佐だった。彼は、六年まえ、私が七試艦戦の用事で航空廠に行ったとき、「低翼単葉型は格闘戦に向かないから戦闘機には疑問だ。」と私に語ったが、三年まえ、九六艦戦の試験に立ち会うために会ったとき、私の前に来てていねいに一礼し、

「まえに私は自分の短見のため、あなたにたいへん失礼なことを申しあげた。お詫びしたい。」

と言葉すくなに言って、ふたたび一礼した。精悍《せいかん》だが愛嬌をたたえた風貌をし、まれに見る名戦闘機乗りであると同時に、誠実で、典型的な武人であった。

その柴田少佐が、ふだんの人なつっこい顔を紅潮させて、つぎのように力説した。

「日華事変の戦訓が示すとおり、敵戦闘機によるわが攻撃機の被害は、予想以上に大きいので、どうしても航続力の大きい戦闘機でこれを掩護する必要があります。また、逃げる敵機をとらえるには、すこしでも速いことが必要です。格闘性能の不足は、操縦技量、つまり訓練でおぎなうことが可能だと思います。いくら攻撃精神が旺盛で、技量がすぐれているパイロットでも、飛行機の最高速度以上を出すことは不可能だし、持ちまえの性能以上の長距離を飛ぶこともむずかしい。だから、速度、航続力を格闘性能よりも重く見るべきだと思います。」

「しかし……」と、また源田少佐が立ちあがり、両者の白熱した議論がくりかえされた。両者はたがいにゆずらず、また、この論争の黒白を判定できる人もいなかった。

私は、この二人の息づまるような論戦を聞きながらこう考えた。この二人の意見は、だれが見てもそれぞれ正しいことを言っているのであり、それゆえに議論は永久に平行線をたどるだろう。この交わることのない議論にピリオドを打つには、設計者が現実に要求どおりの物を作ってみせる以外にはない。私としては、いままでにきめた設計方針にそって、重量軽減と空力的洗練を、徹底的にやりとおそう。そして、エンジンの馬力向上と定回転プロペラの実用化を促進してもらおう。そうする以外に、残された道のないことを、深く心に刻んだのであった。

（『零戦』）

この場面を読む度に、私は胸が熱くなる。私は、宮崎の『風立ちぬ』の映画芸術としての卓越は認める。認めた上で、どうしても許せないのは、実在の堀越二郎が戦後、軍部への批判一色の世相の中でさえ、これだけ正確に、そして軍に敬意を持って記した海軍と三菱側の会議、ここに見られる軍人の知的、人間的な節操と情熱、堀越の軍人への敬意を全て、塗り替えていることだ。映画の海軍との会議のシーンでは、軍人は皆他人の議論を聞かずに口角泡を飛ばしている。国情への危機感もなく、国家を担う責任感もない。皆、馬鹿面だ。内容も一切省かれている。映画の堀越は自説をがなり続ける馬鹿な軍部を適当にいなす。その後、堀越は三菱社内の研究会で、海軍の要求はまだ低い、それ以上の結果を出さねば面白くないと言うと、三菱の社員の間で喝采が起こる。

要するに、愚かで頑迷な軍部と、それを適当にあしらいながら、その要求をはるかに超えた飛行機作りの夢へと我が道をゆくしなやかなヒーロー堀越二郎という図式である。

これはフィクションとは呼べまい。歴史への冒瀆《ぼうとく》だ。堀越の激しい憤慨が墓の下から聞こえてくるようだ。

この言い方は誇張ではない。

（零戦開発）の途上では、テスト飛行における海軍の二人の尊い犠牲者をはじめとして、数多くの人の献身的な協力や、関連産業の支《ささ》えがあったことを忘れることができない。また、世界の先達《せんだつ》によって開拓された技術を導入し、それに多くのものを足《た》して私たちに伝えてくれた先輩たち、さらには、こういう環境をととのえて、全身を打ちこめる仕事を与えてくれた海軍や会社に深く感謝しなければならない。まさに、零戦は、直接の関係者ばかりでなく、広く当時の日本人全体の努力と工夫《くふう》が結晶したものだったと思う。

（『零戦』）

これは儀礼的な謝辞ではない。自分の作った零戦に乗って、国運を賭け、万を超える数の有為な若者が命を落とした。それを背負っている者の発言だからである。

「後進国による無謀な戦争」ではなかった

この映画では、日本の貧しさと軍事技術の後進性が強調される。日本はたしかに貧しかった。技術の後進性も一面の事実である。だが、一方で、零戦開発時、昭和十年代の日本の総合的な軍事力は、国そのものの貧しさからは考えられないほど高かった。日本は、三大海軍国、五大陸軍国と言われるほどの、軍事大国だったのである。

例えば日米戦争の開戦時の軍事状況を、渡部昇一は以下のように概括している。

日本軍の本当の敵はアメリカだけであった。イギリスも、オーストラリアも、オランダも、問題にならなかった。

太平洋の戦争がはじまるとただちに、イギリスの最新鋭戦艦プリンス・オブ・ウェールズと、戦艦レパルスは、ともに白昼、日本の飛行機によって沈められてしまった。インド洋や、ベンガル湾にあったイギリス飛行部隊も艦隊も、あっという間に消えてしまった。日本の機動部隊のインド洋作戦は、イギリスの重巡洋艦二隻、航空母艦一隻、駆逐艦二隻、仮装巡洋艦一隻、そのほか商船十数隻を沈めて短期間に終結した。

この時の日本海軍の強さについては、チャーチルも、その大戦回顧録の中で驚嘆している。チャーチルは戦士であり、戦士的気質があったから、日本の強さが、あらゆる予想を超えたものであることを率直に認めているのである。

これはヒトラーの空軍とも桁違いの強さなのであって、もしヒトラーが日本の機動部隊の一つでも持っていたら、否、零戦隊を持っていたら、バトル・オブ・ブリテンに勝ち、イギリスを制覇し、したがって全ヨーロッパを支配したことであろう。イギリスでさえ、その程度であったから、日本海軍の前にはオランダ海軍も空軍も、ジャワ沖、スラバヤ沖、バタビヤ沖の三海戦で消えてしまった。日本にとって、本当の敵として意識されたのは、あくまでアメリカだけである。旧植民地帝国だけなら、束になってかかってきても、日本軍の前には鎧袖一触であった。

（渡部昇一『「昭和の大戦」への道』）

もちろん、戦争の強さを自慢したくて引用しているのではない。日本の戦争を後進国による無謀な戦争と嘲笑する戦後の風潮は間違いだと言いたいのであり、その風潮に安易に乗る宮崎映画の零戦観、堀越観は歴史的にデタラメだと言うのである。

たしかに、当時の日本の国家としての戦略構想は無謀だった。支那事変を打開するため、太平洋というさらに大きな海で、アメリカと戦争をせざるを得なくなるなどということは、蔣介石政権の奸智《かんち》、アメリカの日本への冷酷さ、ソ連コミンテルンの国際的な謀略などを差し引いても、日本の政治・外交力の非力を指摘しないわけにはゆかない。だが、それは後進国の無謀さではない。戦争能力の低さによる敗戦でもない。戦前の日本を全体として「無謀」とひとくくりにしてしまうと、当時の日本の真実がまるで見えなくなってしまう。

貧しい後進国日本は、政治・外交に弱く、戦争には滅法強かった。これが事実だった。自然に恵まれた島国の中で、日本人は、長年、政治・外交上の駆け引きをあまり必要としてこなかった。善良で直情径行な民族性が育まれた。外交力は一朝一夕で身につかなかったが、世界一優秀で勇気ある兵隊には一瞬でなった。

そうした国が、植民地や広大な領土を持つ豊かな先進国に伍して、国を守ろうとしたときに、ギリギリの要求から生まれたのが、零戦だった。

それまでの戦争は、海戦は艦船の展開による砲撃戦であり、陸戦は歩兵による銃撃戦が中心だった。第二次大戦で、戦争は、空戦によって制空権を得たものが、地上や海上の作戦を圧倒的に有利に進められる戦いに変質する。零戦は、耐空時間の長期化と、廻旋能力の劇的な向上との組み合わせによって、こうした空戦の時代を先駆け、事実上、リードした。

零戦開発は、このような一連の歴史的経緯の中に位置づけてみれば、堀越二郎という芸術家が、国の運命と何の関係もなく突如咲かせた孤独な花ではなかった。長年の軍事的な研究と能力の蓄積によって生まれた戦争思想の革命であり、戦争史そのものを転換した奇跡と言うべきなのである。

「この国のおかしさ」は描かれたのか

ところが、映画『風立ちぬ』からは、こうした歴史も戦争も全て消去されている。

国や軍から遮断された、夢の島のように美しく孤立した三菱内燃機株式会社名古屋航空機製作所がある。そこに、美しい友情に囲まれながら、個人的な夢を追う堀越二郎がいる。彼は婚約者となる美しい女性に軽井沢で出会う。夢のように美しい歳月をそこで送る。映画はこの二つの美しい夢をひたすら往還し、その比重もどんどん堀辰雄の小説の美しい恋の物語へと移ってゆく。……

歴史のきな臭さも、零戦の血の臭いも、零戦を生む歴史の必然も、零戦を歴史の中で奇跡たらしめた大日本帝国の物語も、全く存在しない。

なるほど、それらは宮崎映画にはたしかに似つかわしくない。だが、ここまで徹底して消去するくらいなら、わざわざ史上最も有名な戦闘機を扱う映画など、はじめから撮る必要はなかったではないか。

だが、間違いなく、宮崎はこの不可能を、不可能と承知で、挑戦したかった。宮崎映画のエートスそのままで、「大日本帝国が生んだ零戦」の物語を語りたかった。

半藤　なぜ堀越二郎を主人公に、と考えたのですか。

宮崎　彼を描かないと、この国のおかしさが描けないと思ったんです。僕は、ある時まで「戦前」という時代を想像できませんでした。目の前は焼け野原だらけで、あれだけの人が死んだ。南方や中国では悲惨なことをいっぱい起こしたことを知ると、あまりにもこの国が屈辱的に感じられ、戦前の日本は〝灰色の世界〟としか思えなかった。そんな中で、人はどうやって生きたのか。自分の父親はいい時代だったと言っていました。どうも、うまく噛み合わなかったんです。

（『文藝春秋』二〇一三年八月号）

歴史作家・半藤一利との対談だが、宮崎の反応は非常に屈折している。そもそも映画『風立ちぬ』で、宮崎は「この国のおかしさ」など描けていない。歴史的条件をああも消去して、「この国のおかしさ」も何もないだろう。戦前の日本＝軍国主義＝悪玉史観というスパイスはたしかに映画のあちこちで散見される。だがそんなつまらないことは、堀越を描かなくてもできる。いや、戦後という時代を通じて、日本人は、そういう歴史観の書物と学術論文（！）と芝居と映画とテレビドラマばかり作り続けてきたのである。宮崎ほどの天才が、よりによって引退作品でそんなステレオタイプの「この国のおかしさ」を描く必要などあるまい。事実、この映画のディテールには、「この国のおかしさ」ではなく、戦前を舞台にしなければ出てこない「この国特有の味と香り」「この国が昔ふんだんに持っていた美しさ」に溢れている。

「戦前の日本は〝灰色の世界〟としか思えなかった」――宮崎の半面が、「この国のおかしさ」を描いてみせると息巻く。しかし、映画の実際は、「自分の父親はいい時代だったと言っていい」た、まさにその父親の生きた「いい時代」を謳い上げてしまっている。おそらく宮崎の中で、映画制作中もずっと、この二つは「うまく嚙み合」ってはいなかった。それが、このような発言の分裂に表れている。

半藤　宮崎さん、これはスタッフの方からお伺いしたんですが、今回試写をご覧になりながら泣いたそうですね。

宮崎　……初めてですね、自分の映画を観て泣いてしまったのは。はずかしいことです。

半藤　それは、二郎と菜穂子の場面ですか。

宮崎　まことに馬鹿げた話ですが、堀越と本庄がドイツに派遣され、ユンカース社の工場に行く場面なんです。映画でも少し描きましたが、資料を読むと、当時、日本の技術者たちは本当にひどい扱いを受けたそうなんです。僕は遅れてきた軍国少年でしたから、何かに触れたんでしょうね。

半藤　堀越がドイツに行った昭和四、五年ごろは、まだ日本とドイツは親密じゃないんですね。むしろドイツは黄禍論の本場で、日清戦争で三国干渉を主導したり、日露戦争でもロシアの味方、第一次大戦でも敵国同士だった。

宮崎　高いお金を取って技術提供を約束しているのに、工場の中は見せない。関係する数字だけ持ってきて、別の部屋を用意してそこで勉強しろと渡すだけだったといいます。

（前掲『文藝春秋』）

私は、正直言って、ここにだけは胸を打たれた。ここで宮崎は図らずも「軍国少年」と自分を呼んでいる。なるほど彼の同世代人の多くが自嘲気味にそう自称する。だが、宮崎の思いは、はるかに根深いもののようだ。彼の中の純情苛烈な何かが、あの科白「日本の少年です」を言わせた。その後長ずるに及び、日本への愛憎の振り幅が抑えがたくなり、彼を戦前嫌い、軍部嫌いにし、一方で、このような戦前の日本の弱さ、貧しさへの強烈な感情移入となる。

その怒りは、旧敵国アメリカに対しても当然燃える。

この前、所沢にアメリカ人の持っている零戦が展示されていて、コックピットに乗せてあげるから見に来ないかと誘われたのですが、断りました。戦利品ですからね。インディアンがトマホークを集めた展覧会に行くと思いますか。

（前掲『文藝春秋』）

しかし、日米安保条約とアメリカの核の傘に担保された夢想的な絶対平和状況下で、その時代にふさわしい神話を創造してきたのが宮崎の人生だったはずである。戦後の平和は大日本帝国という緊張に満ちた自立国家が崩壊しなければあり得なかった。そのためには、大東亜戦争が不可欠だった。さらに、アメリカが戦後日本の平和路線と大日本帝国否定の路線を敷き、安全保障まで引き受けてくれたおかげで、平和の夢を我々は貪《むさぼ》れたのである。以上の全ての歴史的経緯がなければ、「戦後日本」はなく、その神話としての宮崎映画もまたなかったろう。

「日本の少年」と「国家忌避者」との相克

宮崎映画は、そうした歴史的産物である戦後日本のエートスに、極度に密着している。密着しているが、その歴史的現実を、どうしても引き受けたくない。いわば、そうしたアンビバレントな状況を宮崎は解決しておらず、それに決着をつけないまま老年を迎えた。以上一連の発言はそのことをあからさまに示している。

おそらく宮崎自身は、決着をつけないことを自らへの誠実さと考えていよう。だが、葛藤を引き受け続けるのと、葛藤の原因を正視することから逃げるのは、似て非なるものではないか。

彼は零戦を生むに至る歴史を正視しない。自分の映画を成立させているアメリカの庇護による戦後の平和も直視しない。しないが、宮崎の心は、どこかで戦後の平和と鋭い不協和音を立てる零戦に惹かれる。老いた宮崎はある日「日本の少年」に立ち返って生涯の総決算をしようとする。そのとき、彼は、どうしても、フィクションではなく、彼自身の少年期を育んだ大日本帝国の歴史に立脚せねばならなくなる。彼は、惹かれつつ逃げ、逃げつつ、惹かれる。

実際、これが零戦という軍機ではなく、旅客機の物語だというようなことがあり得るだろうか。たといどれほど美しい飛行機にせよ、それでは宮崎のどんな夢も乗せられまい。「日本の少年」の夢見る美しい飛行機は、必然的に、――戦う男の美しさの象徴としての――軍機にならざるを得なかったに違いない。それは、しかし、軍機が背負った歴史を、結局は受け入れ、愛することではないか。だから、彼は愛し、かつ憎む。だが、アニメは憎悪や葛藤を描く媒体ではない。彼はそれを可能な限り美しく描こうとする。美しく描くことで、愛憎の葛藤を忘れようとした。

零戦に最高の芸術的精華があったからではもはやない。宮崎はそれが最高の美だったから描きたかったのではない。白人先進国から「本当にひどい扱いを受け」ながら、「日本の技術者たち」が奮闘努力した、その歴史が、彼にはそのまま自分の半生の心の傷に最も触れる何かだったから、彼は零戦を愛したのである。そのとき、零戦という詩は「日本の少年」の無垢の心を乗せて羽ばたく。美しい詩には、最初から戦争がべったりと貼りついていた。だから彼は、愛する零戦が敵国の「戦利品」になっている姿など、永久に見たくなかったのである。

――映画『風立ちぬ』に激しく立つ風は、そうした彼の内面の真の愛憎も、生々しい軍国少年の心の傷も、また、日本が戦ったあの戦争の歴史も全て吹き飛ばす。アニメとしての夢を守るために。だから、この映画の風は、異様なまでにいつも激しいのだ。夢が呼び覚まされ、歴史は忘れられねばならない。風が吹き止むと、映画は繰り返しアニメの限界を超える美しい絵に戻る。そして零戦の物語は、次第に、その絵の中から浮かび上がる二郎と菜穂子の激しく切ない恋の物語へと、場を譲る。

先に引用した対談の中で、半藤一利がこの映画の主人公を零戦の設計者、堀越二郎だと疑っていないのは、その意味で興味深い。なるほど映画の主人公の名前がそもそも堀越二郎なのだし、公的な人間としての映画の堀越像は、歴史上の堀越二郎の伝記を忠実に辿っている。しかし、映画の題名は『風立ちぬ』なのである。私生活は徹底的に堀辰雄の小説のラインで描かれている。その上、映画後半は、零戦の作者の物語は裏側に引っ込み、二郎と菜穂子の物語となる。それにもかかわらず、半藤はこの映画を零戦設計者、堀越の物語として疑っていない。それほど、この映画は零戦が主人公なのである。では、零戦の物語から恋物語への静かな移行――これは意図せざる結果だったのか、それとも零戦から歴史を消し去るための周到なトリックなのか。

人間宮崎駿の葛藤を抱え込んだ映画

『ナウシカ』は文明否定の逆説を内深く孕《はら》み、緊張に満ちた世界を現出した。そういう意味では、映画『風立ちぬ』は、零戦否定の映画では全くない。それどころか、歴史的条件の中での零戦の魅力に惹かれている人の作った映画だ。

『ナウシカ』では、文明と非文明という主題が映画の中で葛藤していた。が、『風立ちぬ』が抱え込んでしまったのは、人間宮崎駿自身の心理的葛藤なのである。『ナウシカ』の爽快感は、主題の矛盾に切り込んだ宮崎の表現者としての果敢に由来する。『風立ちぬ』にその爽快感はない。彼がこだわっているのは、あくまで「歴史」であり、「零戦」だ。先の半藤との対談でも、菜穂子の恋の場面も、この映画の美しさも、全く話題になっていない。表現者として本当にこだわったのは菜穂子ではなく、あくまで零戦だったのだ。にもかかわらず、映画は歴史と零戦を徐々に消去し、最終的には菜穂子の恋の物語として完成する。

トリックではなく、意図せざる結果だったのであろう、零戦への、大東亜戦争への、日本への愛憎を表現するコードを見出せぬ「戦後日本」の美学に、結局は押し切られることによる。だが宮崎は、歴史の塗り替えに満足して、表現者の一生を終えられる人ではあるまい。おそらくこれから、日が経つにつれ、美しい恋の物語によって隠してしまったものへの焦燥に駆られ、この物語に、本当の決着を——人生そのものでか映画への再挑戦でかは知らないが——つけざるを得なくなるのではないか。

『風の谷のナウシカ』という緊張溢れる倫理的な神話に始まった宮崎映画が、自らの心理的葛藤と歴史とを隠蔽する傑作『風立ちぬ』という美しくも逃避的な終章でその環を閉じてしまっていいものかどうか。作品が美に打ち震えながら、作者その人を糾問している、私にはそう見える。……

第三章　偽りと不信の日米関係

――縮図としての映画『終戦のエンペラー』

見れば見るほど奇妙な映画

『風立ちぬ』とほぼ同時に公開されたもう一つの映画が、『終戦のエンペラー』である。戦争直後の占領日本が舞台だ。

アメリカ映画だが、企画は日本人プロデューサー奈良橋陽子による。監督はイギリス人ピーター・ウェーバー、アメリカ側の配役に映画界の大物はいないが、日本側は、鹿島大将役の西田敏行以下、近衛文麿（中村雅俊）、関屋貞三郎（夏八木勲）、木戸幸一（伊武雅刀）、東条英機（火野正平）らベテラン勢を揃えての丁寧な布陣だ。夏八木が『永遠の0《ゼロ》』で重要な役を演じたことは書いたが、二本の大東亜戦争関連作品の出演で、人生の幕を閉じることとなったわけだ。

映画は、マッカーサーが厚木基地に降り立った昭和二十年八月三十日に始まり、九月二十七日、昭和天皇のマッカーサーご訪問をラストに据える。その頃、連合国側では、昭和天皇の戦犯訴追への圧力が高まっていた。マッカーサー側近で日本をよく知るフェラーズ准将は、昭和天皇を訴追から除外しようと、日本の指導者たちを訊問してその証拠を求めるが決め手がない。マッカーサーは昭和天皇との会見の設定をフェラーズに命じ、この会見を通じて、天皇の無実を確信するに至る。——この主筋に、戦争前のフェラーズと日本人女性とのラブストーリーを絡め、陰惨な敗戦風景とは対照的な華を添える。

筋だけ読み流せばどうということもない歴史映画と言うべきだろう。が、注意深く見ると、見れば見るほど、奇妙な映画なのである。

原作は岡本嗣郎の『終戦のエンペラー　陛下をお救いなさいまし』である。小説本来の主人公はフェラーズではなく日本女性で新渡戸稲造の弟子、恵泉女学園の創始者・河井道だ。河井とフェラーズは知己であり、同書には、たしかにフェラーズが日米戦争と占領政策に深く関わった経緯が書かれている。この映画が本の中からその部分のみをピックアップしたこと自体は咎《とが》めるに当たらない。

だが、この本で明らかにされているフェラーズの役割は対日心理作戦である。フェラーズの大学での卒業論文は「日本兵の心理」だったと言うが、フェラーズがマッカーサーの腹心だったこともあり、本書によれば、彼の心理分析が占領政策に与えた影響は大きいとされる。天皇の戦犯訴追を退ける工作活動はあくまでその一部である。映画では、それが、日本人を恋人に持つ日本通フェラーズによる、天皇の戦犯訴追免除の物語に化ける。心理作戦の側面は消去され、善意のアメリカ人による日本救済の美談になっている。

原作には英訳はあるまい。パンフレットを読んでも、制作当事者も俳優も、心理作戦担当者というフェラーズの深刻な役割を理解している様子は全くない。

その上、日本人プロデューサーによる発案だというのに、シナリオ、映画監督を始め、制作上の主導権は、明らかに英米側にある。

なぜか。プロデューサーの奈良橋は、その理由を次のように語っている。

ハリウッド映画として、アメリカ人も日本人も知らない事実を描くことに意味があると思ったんです。日本人だけの映画製作だとある種の固定概念に埋もれてしまう懸念があるけれど、アメリカ人は事実を徹底的に調べるし、お金をかけて描く。そこはハリウッド映画の良さだと思うんです。

（映画『終戦のエンペラー』パンフレット）

ところが、パンフレットを読む限り、英米側の主要スタッフの誰も、そもそも日米戦争をほとんど知らないのである。「アメリカ人は事実を徹底的に調べる」と言うが、日米戦争に関して日本が積み上げてきた研究や考察は、アメリカ側の比ではない。

当事者意識がまるで違う。日本はアメリカとの戦争によって国が潰れたのである。占領政策で国そのものが全面的な改変を受けた。だが、アメリカにとって、第二次世界大戦の主敵は被害や関与の度合は別にして、意識の上ではあくまでナチスドイツだった。その後も、ソ連相手の半世紀近くに及ぶ核軍拡競争、ベトナム戦争、最近でも湾岸戦争、九・一一、アフガニスタン戦争、イラク戦争と続く。現在の彼らにとって日本は属国に近い同盟国以上でも以下でもなく、歴史的な関心などないのがむしろ当然であろう。

俳優・スタッフたちの驚くべき無知

フェラーズ役のマシュー・フォックスはこう語る。

この映画に関わるまでは、僕は、アメリカ人が持っている一般的な見方しかしていなかったと思います。日本軍がパールハーバーを攻撃したことで、アメリカはあの戦争に否応なしに巻き込まれた、と。アメリカは、戦争で初めて原爆を使用した国で、そのおかげで戦争は終結した……というような通り一遍の知識しかありませんでした。この映画を通して、僕は、戦争の違った側面を見たという気がしています。アメリカを戦争に巻き込んだ日本は、それなりの代償を払って当然というアメリカ国民にある漠然とした考え方とは違う見方です。マッカーサーは、復讐や罪の代償といった感情的なものを超え、敗戦でどん底に落ちた日本の将来を考えて、再建には何が重要なのかを考えたのだと思います。あの時、マッカーサーがしたことは、国際関係におけるアメリカの輝ける瞬間だったと思います。そして、この映画はそこに光を当てているんです。

（前掲パンフレット）

フォックスはコロンビア大学経済学部出身である。ハーバード、エール、オクスブリッジらと並ぶ世界最高峰の大学出身者の日米戦争観がこれなのである。アメリカ最良の知識人のバロメーターと見てよかろう。要するに彼らにとって日米戦争は「日本の卑劣な真珠湾奇襲」に尽きるのであり、その後の全てのアメリカの反応は、原爆も含め、その当然の代償だ、だからほとんど知る必要もない、そういうことなのだ。

一方、マッカーサー役のトミー・リー・ジョーンズは次のように語る。

——1945年に撮られたマッカーサーと天皇の会見の際の写真は、これまでにも見たことがありましたか。

見たことはありました。でも、会見の内容などはまったく知らなかった。ふたりが会ったという情報しか持っていなかったというべきですね。

——このような作品を日米が協力してつくることはどういう意味があると思いますか。

意義があり、観た人になんらかの影響があるといいと思っています。私は、67年に大学で世界の舞台について勉強し始めたんですが、その時、歌舞伎を発見し、その魅力にとり憑かれてしまったんです。それ以来、日本についての好奇心はずっと続いています。日本を訪れた時とか、アートや歴史について本を読んだりして、日本についての理解をさらに深めていると思います。ただ、この映画で描かれている史実は知らなかったから、まだまだ発見があるということですね。

（前掲パンフレット）

一九四六（昭和二十一）年生まれのジョーンズにとってさえ、歌舞伎に較べて日米戦争のインパクトはゼロなのだ。日本のテレビCMにも出演しているジョーンズが、本当に自ら言うような日本通なのだとしたら、その彼が、よりによって自分の出演した映画の主題である日米戦争について聞かれたときに、こんな発言に逃げを打たねばならなかったことは見過ごせない。映画を撮り終えた段階でさえ、彼は日米戦争について、それほど無知のままだったのである。

俳優のみならず、脚本スタッフたちが、非常に重要な点についてさえ、「事実を徹底的に調べ」ずに、この映画を作ったことは、この後例証する。

要するに、昔話なのである。かつてアメリカは、日本という軍国主義国が世界を股に大暴れしたので、それを懲《こ》らしめ、占領によって教育・指導をしてやった。そのおかげで、黄色人種であり最近まで古代風の封建主義を引きずり続けていた異質な国に、民主主義が根づき、不充分ながら同盟国に育った。それ以上でも以下でもない。今さらあらためて史書をひもとく必要も、日米史を再考する必要もない。ただし、オファーがあれば映画は作る、俳優として映画には出る。それだけのことだ。

腹を立てても仕方がない。私がアメリカ人だったとしても、遠くから見る日本はそんなものであろう。

あの戦争が、絶対的な意味を持つのは、日本にとってである。負け戦が、トラウマとして残ったからではない。敗戦はこたえたが、要するに弱いから負けたのであり、大敗は大量の死と屈辱と苦痛を齎《もたら》した。負けた国が耐えねばならぬ当然の代償である。

問題は、その後の占領政策だ。我が国の国家体制と精神の持ちようが根本的に変造された。国家指導者が七人絞首刑になり、公職追放処分で、各界の指導者が二十万人以上も追放された。二百三十万人もが戦場に散った。要するに戦後を築き直す国・地方のリーダー層が想像できないほど痩せ細った。その上、世界で最も精強な軍隊は解散させられ、憲法は完膚なきまでに作り変えられ、教育もマスコミ言論も全て占領軍によって統制された。

それがいわゆる「戦後レジーム（体制）」である。

それにもかかわらず、あるいはそれゆえか、『終戦のエンペラー』では、日本人にとってこそ深刻な経験だったこの占領時代を描くのに、日本人側が脚本、監督を担当しない、歴史観を主導しない。フェラーズとマッカーサーという、戦後の日本人の精神に深刻な影響を与えた二人は威風堂々、人格高潔、表題となっているはずの昭和天皇は、全く存在感がない。それ以外の日本側指導者の大半はただおどおどしている。この作品そのものが、戦後の日米関係の縮図なのだ。

正義のアメリカが日本軍国主義を裁くという構図

映画は、原爆投下の実写から始まる。

精巧に作られた、焼け野原の東京が、それに続く。

これらは、言うまでもなく一般市民の無差別殺戮であり、アメリカが犯した最大の戦時国際法違反だ。その殺戮の容赦なさと非人道性とは、ナチスのホロコーストに匹敵する。だが、この映画ではそれらは全く問われない。一貫して前提とされているのは、正義のアメリカが、日本軍国主義という悪を裁くという構図である。

が、辛うじて、一カ所、それが揺らぐところがある。

近衛文麿元首相が、フェラーズに対して、「我々はあなた方白人と同じことをやっただけだ。一方的に裁かれることは納得できない。我々が中国を侵略したと言う。だがスペインがフィリピンを侵略し、それをアメリカが奪い、次に日本が奪った。あなたがたの真似をしただけだ」と言う場面である。

だが、欧米の帝国主義に、日本が単純に追従した事実はない。韓国合併でも満州建国でも、欧米の収奪型の植民地経営とは全く逆だった。本国の莫大な資金をその地に投資し、未開の地に近代国家を作り上げる建設型の経営だったからだ。近衛は若き日の論文「英米本意の平和主義を排す」以来、英米が自由、平等の美名を繰り返しながら、植民地での不当な収奪を繰り返してきたことを批判し続け、日本は、独自の国柄によるアジア民族の自存自衛を追求すべきだとして国家指導に当たってきた人物だ。「お前が先に盗ったから、俺もやった」などという盗人同士の泥の塗り合いのような議論を占領軍相手に吹っかけたとは思えない。

しかし、映画として致命的なのは、近衛からこの議論を吹きかけられたフェラーズが「君から歴史の講義など聞きたくない」と断じて、話を打ち切ったことだろう。

この議論を打ち切ってしまえば、日米両国のスタッフで占領を扱う映画は、茶番に過ぎなくなる。なぜなら、日米戦争と、その後の占領は、まさに日本とアメリカの国際政治観や民族性の熾烈《しれつ》な衝突そのものだったからだ。そして、フェラーズはその戦いにあって、アメリカ側の対日プロパガンダを準備した人物だ。日本側の世界観を代表する近衛との議論の場面でフェラーズが逃げれば、この映画は、日米戦争そのものから逃げたことになる。逃げながら、日本の指導者の腑抜けぶりを描き続ける。これでは、まるで七十年後にまで継続する、戦勝国による復讐劇のバリエーションでなくて何であろう。

日本に戦争を仕掛ける野望はなかった

実際、日米戦争とは何だったのか。

冷静に振り返れば、日本側にアメリカと戦争をする必然性はなかった。フェラーズ役のフォックスは「日本軍がパールハーバーを攻撃したことで、アメリカはあの戦争に否応なしに巻き込まれた」と理解しているが、皮肉なことに当のフェラーズは、実は全く逆の理解をしていた。

――アメリカのある賢明な男が、日本との争いの原因は米国側に罪があるといっている。彼の主張するところはこうだ。ルーズベルト大統領がアメリカの経済危機を避けるため、故意にアメリカを戦争に投げ込もうとしているとまではいわない。今後も日米間にさまざまな紛争や挑発はあるだろう。それはほとんど日常的な出来事といっていい。ただ、どの政府もそれらの紛争や挑発のひとつを、たちどころに「正義の戦争の理由」に仕立てあげることができるということだ。

深まる国内危機の克服の困難さと、外国との戦争の危機に直面したとき、両者の難易比較からルーズベルト大統領は何を選択するか。アメリカの政治家の過去の歴史から判断すれば、彼は後者を選ぶだろう。（略）日米間に太平洋戦争が待ち受けている――

（岡本嗣郎『終戦のエンペラー』）

正確な指摘と言わざるを得ない。

日本は戦前、一貫してロシアの南進を恐れ、中国が脅威となることを恐れ、朝鮮半島から満州を親日圏にしようと努め、中国での利権拡大を目指した。国防の安全ラインをできるだけ日本の本土から離し、かつ資源の確保を狙ったのである。だが、日本が、太平洋側でアメリカ領ハワイに野心を持つはずもなく、ましてアメリカ本土に何ら関心もあろうはずがない。

仮に、日本の東南アジアへの野心とアメリカの同じ地域への野心がぶつかったのだとしても、アメリカにとって国家を挙げて戦争をしなければならぬような問題であったはずはない。資源確保の必要が切実だったのは日本だ。領土的不安から日本は朝鮮、満州、中国に釘づけになってきたが、これらの地域からは原油が出ない。エネルギーは南方に求めざるを得なかった。エネルギーがほしかったので、領土がほしかった訳ではない。自由貿易体制が確立していれば日本は南方に野心を持つ必要はなかった。

それにそもそも、支那事変が四年も膠着していた日本にとっては、その上、資源大国アメリカ相手の全面戦争など馬鹿げ切った話だった。何しろ、開戦当時のアメリカのGDPは日本の約十三倍、鉄の保有量は二十倍、石油に至っては百倍の差がある。いや、実はそれ以前の問題なのである。支那事変で消費する石油や鉄鋼など重要資源の約七割を、日本はアメリカから輸入していた。今現に戦っている戦争の資源を輸入している相手に戦争を仕掛ける馬鹿がどこにいるだろう。

要するに、日米開戦は、日本側の利害判断や、まして軍国主義的野望から出てくるはずのない戦いだった。

アメリカの戦略と日本の政治不在

ならばなぜそれは起きたか。

アメリカ側の国家戦略上の判断によってであり、日本政府の国家指導能力と外交能力の欠如が、それを助長した。

日清・日露戦争で戦勝国となった日本は、その瞬間から、アジア太平洋地域で最強の海洋国家となった。アメリカはこれを脅威と見た。当時アメリカは大西洋には艦隊を展開していたが、太平洋は無防備だった。ほとんど丸腰のまま、ライバルのいない太平洋上でハワイ王国を滅ぼし、さらにフィリピンをスペインから奪っていた。インド洋伝いに中国に進出したイギリスの向こうを張って、太平洋の島を伝って中国へと進出するのが、アメリカの当時の野心だった。そのとき、世界最強と言われたロシアのバルチック艦隊を破った日本の艦隊が太平洋に展開し始めたのである。――アメリカは、この状況に過剰に反応したのだと言っていい。

その後のアメリカは、明確に反日政策に転ずる。アメリカ合衆国憲法は移民の子供にアメリカ国籍の権利を保障している。移民こそはアメリカの建国以来の国柄そのものである。ところが、日本移民が優秀・勤勉で、白人社会の脅威になりかねなくなってきたために、「排日移民法」で日本を排斥した。大正十三（一九二四）年のことだ。これはそれまで親米的だった日本人の間に、アメリカへの強い不信を生むことになった。

次に、アメリカは、日本叩きと連動する形での中国大陸介入の道を選択する。蔣介石政権との間の支那事変を終息させて、共産勢力の浸透を防ぎたい日本に対し、蔣介石は反日政策を取り、アメリカに接近する。ソ連の中国共産党工作、蔣介石とアメリカの通底、さらにソ連は、ルーズベルト時代のアメリカ政権中枢に大量のスパイを送り込み、日米離間を図る。日本は孤立した。

もちろん、コミンテルン、蔣介石政権やアメリカを一方的に断罪することはできない。その頃日本は日本で、支那事変の膠着、混乱の拡大を収拾する能力を自ら失っていたからだ。本国政府の方針に反して現地の軍部である関東軍が事変を拡大し続けるなど、国家としての外交上の統一は失われ、明治以来手堅く積み上げてきた国際的な信用も失墜しつつあった。

日清戦争当時の陸奥宗光、日露戦争の小村寿太郎の後、政治的力量を備えた一流の外交プレイヤーも不在、陰謀渦巻く世界を手玉に取れるような外交チームも諜報活動も成熟していない。

エリートの意識は完全に内向き化している。

国内政治においても、伊藤博文、桂太郎、山縣有朋らが次々に死去すると、内閣の規定がなく、したがって、内閣と議会と軍との最終的な責任関係が不明確な明治憲法体制の欠陥が露呈し始める。それが、統帥権干犯問題に端を発して、議会の事実上の停止、軍の政治介入による内閣の無力化を生んだ。

不可避だった開戦、そして敗戦

こうして日本の政治不在と、国際社会の反日包囲網が輻輳《ふくそう》して、日本にとって最も好ましくないシナリオが進行したのである。アメリカは、昭和十四年に日米通商航海条約の廃棄を通告し、翌年七月から、屑鉄・航空機用燃料などの対日輸出に制限を加えた。支那事変の継続に赤信号が灯る。さらに、昭和十六年七月には日本の在米資産は凍結され、八月には石油の対日輸出が全面禁止となった。外交カードとしては、最後通牒《つうちょう》と言うべきだろう。支那事変で負け続けの蔣介石が延命できて、日本がなぜこんなにも一方的に追い詰められたのか。国力と不相応なまでに日本の政治言語・外交センスが貧困だったからだ。そして、ここまで追い込まれてしまうと、日本人はコミュニケーション不全に陥り、内弁慶的に暴発してしまう傾向がある。

十一月にかけて、日本政府内では開戦準備と戦争回避の外交努力が鍔迫り合いを続けたが、所詮戦略にも本気度にも欠けた内向きな外交に過ぎない。そして、十一月五日の御前会議で「十二月一日午前〇時までに外交交渉が成立しなければ対米英蘭戦争に踏み切る」旨の帝国国策遂行要領が決定された。もし圧倒的な国力差のあるアメリカとの戦争が不可避ならば、敵の戦争準備が整わず、日本の資源備蓄のあるうちに開戦する以外、日本の活路はないからだ。

そしてついに十一月二十六日にはアメリカから、外交交渉拒絶に等しいハルノートが交付された。ハルノートは、半世紀以上にわたって日本が積み上げてきたアジアでの利権の全面放棄（三項）、中国大陸安定のために日本が支援していた汪兆銘政権の否定（四項）、日独伊三国軍事同盟の廃棄のみならず、日本の外交政策の自立性の否定（九項）を要求していた。

ハルノートの交付を決断したルーズベルト大統領の真意については、今日でも論争の片はついていない。だが、このノートが、外務大臣・東郷茂徳や駐米大使・野村吉三郎ら、日米和平派を強く失望させたのは事実である。日本政府内の和平派を失望させる要求を出せば、日本が外交交渉を断念し、開戦を決断するのは自明だろう。ルーズベルトは、ナチスドイツと苦戦中のイギリスを助けたかった。中東や中国の利権を守るためである。だがアメリカの世論は参戦に否定的だ。そこで、枢軸国側の日本に先制攻撃をさせ、輿論を賛成に転じさせようとした、そう考えてよいであろう。

こうして戦争は始まった。真珠湾攻撃大勝の後、翌昭和十七年前半までは、日本は太平洋を一気に占拠する快進撃を続ける。圧勝だった。だが、昭和十七年六月のミッドウェー海戦で太平洋艦隊の主力部隊が、戦術的判断の誤りを重ねて壊滅的な打撃を蒙《こうむ》り、翌々月米軍のガダルカナル上陸を許すと、戦局は徐々に悪化する。

特に昭和十九年二月、トラック諸島大空襲によりラバウルが無力化すると、日本は南太平洋方面の前線を事実上失い、以後島から島へと玉砕しつつ後退を続けざるを得なくなった。ビルマから、インドネシア、パプアニューギニア、ソロモン諸島、ミクロネシアにまで巨大な弧を描いて拡大した占領地は、逆に縮小し始める。七月のサイパン失陥、八月グアム玉砕、十月フィリピン沖で日本艦隊壊滅、特攻作戦始動、十一月本土空襲の本格化、二十年三月東京大空襲、硫黄島玉砕による本土空襲のさらなる激化、六月沖縄占領。日本中が焦土と化し、広島、長崎の原爆投下の後、八月十五日、ついに昭和天皇の御聖断により終戦となった。……

ルーズベルト政権の対日政策は、たしかに日本をぶちのめし、大日本帝国の外交政策を全て白紙に戻し、戦後、日本を事実上アメリカの属国にした。

アメリカは本当に最後に笑ったのか

だが、アメリカはこの戦勝で、本当に最後に笑う者になれたのか。

戦争から約七十年経た今日から見ると、アメリカにとっても代償の方が大きかったと言うべきだろう。もともと親米国だった日本を一方的に敵と見誤り叩きのめした結果、ソ連による東欧の共産化のみならず、中国大陸の共産化まで招き、世界を二分するイデオロギー対立の時代を作り出してしまった。アメリカはその一方の領袖たらざるを得なくなる。ソ連との核軍拡競争に狂奔し、共産化しそうな国があれば世界中で、防共のための戦争を戦い続けることになった。

ソ連が先に息切れをして一九八九（平成元）年に米ソ冷戦は終結する。アメリカが唯一の超大国となる。パクス・ロマーナ（古代ローマによる平和）をもじり、パクス・アメリカーナなどと言われた時期もあったが、むしろ、終わりの始まりだったのかもしれない。

アメリカは、西側のみならず、世界そのものの警察官の役割を引き受けざるを得なくなり、軍事力の維持に膨大な国力を消耗し続けることになったからだ。その限界を受けて、急激に内向きに転向を始めた現在のオバマ政権の国際的な威信低下は著しい。ロシアがソ連崩壊後、最も強気でアメリカを揺さぶり、中国は、米中で太平洋を二分する新たな覇権主義を提唱し始めている。従順な属国にしたはずの日本は、アメリカが作った憲法の制約のために、まともな同盟国としての役割を果たせない。

もし、戦前昭和、アメリカが、仮想敵国を日本だと思い誤ることなく、日本を信頼し、日米協調により、共産主義防衛に国家戦略を絞り、アジア太平洋の安全保障と利害を分け合うことにしていれば、ソ連の膨張も、中国の共産化も防げた可能性は充分あるだろう。戦後の米ソの軍拡競争という国力の極端な消耗も軽減され、今日、中国の野心に対して、アメリカが徐々に劣勢に回るなどという図もあり得なかったろう。

アメリカが今後急激な衰退を余儀なくされるとすれば、その遠因は、間違いなく大日本帝国を仮想敵国にしたことにある。これはひょっとすると二十世紀史最大の皮肉ではあるまいか。

大東亜共栄圏構想の真の意義

かたや日本にとっての大東亜戦争は、こうしたアメリカの挑発に対する防衛戦争という意味だけではなかったことも忘れてはならない。当時の日本人が直面していたのは白人社会の壁である。日本以外の全ての有色人種は、皆、白人支配の下にいた。第二次世界大戦前まで、世界中の有色人種には、独立も自立もなかった。今、テレビをつければ、国連総会で肌の色の違う人々が一堂に会し、少なくとも体裁上、完全に対等に議論している図が当たり前のように見られる。たった七十年前、そんなことは想像さえできないことだったのだ。

そういう時代に、日本は大東亜共栄圏というアジアの成長経済圏を主張し、日本の利益のみならず、有色人種の白人からの解放を理念として掲げた。自国防衛とこの大義とに、帝国主義的な国力膨張欲が複合したのが、当時の日本の国策だった。白人の植民地政策は完全な収奪と弾圧だった。そこに何ら弁解の余地はない。その収奪合戦に巻き込まれた日本が、過酷なゲームの中で、利益と理念のギリギリの妥協点としての解答を出そうとした。それが大東亜共栄圏構想だった。

白人の収奪への最もラディカルな反応は、インドのマハトマ・ガンディーの無抵抗主義である。極端な近代否定だ。産業革命を拒否し、インドの伝統的な手紡ぎ車に回帰しようとした。美しいが、現実的ではない。人類は、新たな技術を拒めないからだ。日本の大東亜共栄圏の構想は、ガンディズムのような近代の否定ではなく、白人近代の暴力性を、建設と共存の論理に置き換えようとしたものである。

それはたしかに思想として充分練られたものでもなく、現実が理念を裏切ることは多々あった。だが、大東亜共栄圏構想を軽薄な後づけの理屈、きれいごとだとかたづけることはできない。そんなことを言えば、人類のあらゆる理想は皆後づけ理屈のきれいごとであろう。キリスト教を始め、宗教が救った人間と殺した人間とどちらが多いか。ドイツ観念論哲学やドイツ音楽の精華がナチスドイツの出現を代償し得るか。フランス革命の理念が五箇条の御誓文より高い普遍性を持っているか。

いずれにせよ、当時の日本の国策が、理念の追求でもあったこと——この理念性においてこそ、我々は当時のアメリカの密かな激しい嫉妬を買ったことを忘れてはならない。

百二十万の市民を殺戮したアメリカの狂気

『終戦のエンペラー』からはこうした歴史的背景が全く消去されている。
日本の軍国主義という狂気がまずあり、その狂気のために、対米戦という無謀な戦争を始めた。フェラーズ役の俳優フォックスが言うように「日本軍がパールハーバーを攻撃したことで、アメリカはあの戦争に否応なしに巻き込まれ」、日本の軍国主義という狂気を成敗した。全てが、この前提に基づいている。

ささやかだが象徴的な場面がある。フェラーズが昭和十五年、日米開戦前夜に、アヤという日本人の恋人を訪ねに静岡県の田舎に来た。日本人が投石する。アヤは軍部が外国人を憎めと一生懸命教えていると嘆く。先に書いたように、日本人を差別し、挑発してきたのはアメリカである。その米軍人が戦争前夜、日本に来た。どうして歓迎されるはずがあろう。

ここまで書いたように、軍部の国民への洗脳が原因ではなく、アメリカの対日政策と人種差別が、戦前日本の反米感情の原因なのである。そうした前史はどこに消えてしまったのか。映画では、立派な紳士であるアメリカ軍人フェラーズに、貧しい身なりの日本の餓鬼が石を投げ、アヤがそれを日本民族の劣等性のように嘆いてみせるのである。

もちろん、アメリカ側にしてみれば、こうしたストーリーを自らに刷り込み続けないわけにはゆかなかった事情がある。あの大空襲で日本一面に広がる焼け野原、二発もの原爆投下――このアメリカの軍事行動を正当化するには、日本の狂信的な軍国主義を正義のアメリカが断罪するというストーリーを信じ込むほかないからだ。

実際、この映画でも、映画冒頭の原爆投下も、空爆の焼け野原も、一切断罪も疑問視もされない。悲惨な焼け野原は、日本の軍国主義への裁きであり、その裁きの延長上に、日本の指導者層の悲しいまでの混乱と卑劣さがあるという話になっている。

だが、一般市民を緻密な爆撃計画のもと殺し続け、二発の原爆を投下して、一瞬で十四万人、七万人を抹殺する。――これこそ狂気ではなかったのか。このアメリカの狂気の前に、日本の軍国主義など通常の戦意高揚の域を出まい。日本軍の軍規は一般に厳しく、無差別殺人は強く戒められた。国策として無差別殺人が計画されたこともない。原爆投下の正当化のために持ち出された南京虐殺や重慶空爆はその後、中国や日本国内の反日左翼が主導する反日プロパガンダにより極度に歪められてきた。まして、陸軍士官が「鬼畜米英を撲滅せよ」と演説をぶち、「天皇陛下に捧げた命だ、潔く捨ててくれ」と訓示を垂れることが、五十万人の一般市民を空中から殺戮したアメリカ以上の狂気だと言える者がいるなら、名乗り出るがよかろう。

この焼け野原は無論、自然にできたのでもなければ、日本の軍国主義という狂気が招いたのでもない。アメリカの狂気が招いたのである。日本人を人と思わぬ人種差別的人間観が招いたのである。冷静に殺戮を計画・敢行できてしまうアメリカ人の根深い凶暴さ、野蛮さ、そして、キリスト教の神が実在するならば、これはキリスト教の神が創った焼け野原であり、死体の群れでないとしたら、どう説明するのか。

この問いから逃げて、何の日米合作映画であろうか。

東京裁判は「文明の裁き」などではない

もちろん、終戦直後、そんな問いは存在すらしてはならなかった。存在したのは、日本側の戦争犯罪だけだ。

しかし、そもそも戦争犯罪とは何なのか。

GHQは占領直後から、戦争犯罪人には、捕虜虐待のような通常の戦争法規違反者と、戦争を国家の政策の手段とした「政治的戦争犯罪人」の二種類があるとした。

だが、無論、国際社会に広く認知された近代法治国家が外交手続きを積み重ねた上、宣戦布告を伴って始めた通常の戦争で、開戦や戦争遂行が「政治的戦争犯罪」などにされたら、たまったものではない。戦場における戦時国際法違反以外に「政治的戦争犯罪」を、時の勝者が敗者に対して恣意的に押しつける慣行ができあがれば、逆に、核時代の今日、戦争も国際社会もむしろ力のみが支配する危険極まる野蛮状態に退行しよう。

事実、東京裁判の復讐劇こそは、今日まで、世界の非主流独裁国家が、核兵器を持ちたがる一番の遠因ではないか。核さえ持てば、主流派先進国に最後の手出しはできない。が、それがないと、仮に国内的な合法政権であった場合でさえ、主流派先進国の御眼鏡に適《かな》わなければ最後、正義と文明の名の下に、いつ惨めな処刑をされるか分からない。

その先鞭が東京裁判だった。

裁判官も検事も戦勝国だけから選ばれた。A級戦犯容疑に問われた戦時指導者らには、「人道に対する罪」と、世界征服のための「共同謀議」が問われた。これは、ナチスドイツを裁くニュルンベルク裁判から借りてきたものだ。日本政府とナチスドイツは同質であるという前提で全てを進めようとした。だが、ナチスが事実の問題として、世界征服やユダヤ人抹殺を企図したのに対し、日本は通常の戦争を戦い、敗れただけなのである。

この分野で最近最も信用があると見られる概説書『東京裁判』(講談社現代新書)で、著者の日暮吉延は、東京裁判を「文明の裁き」と見るか「勝者の裁き」と見るかという二つの論点を出し、どちらにも一理あるとしている。信じ難い。東京裁判が「文明の裁き」だという見解には一分の理もあり得ない。戦争という最も非文明的な死闘の勝者が文明を名乗り敗者を裁く正当性は、論理的にどこからも導けないからだ。彼らが勝ったのは、勝者が文明で、敗者が非文明だからではない。強かったからに過ぎない。要するに裁判の法源は、戦争に勝ったという事実にしかない。つまり、この裁判を「文明の裁き」と見るならば、その法源は、それが「勝者の裁き」であることに帰結する。子供でも分かる理屈ではないか。

逆を考えてみればいい。日本がアメリカに勝った可能性はある。そのとき、文明の名の下に日本がルーズベルトやトルーマンを絞首刑にし、白人社会が犯してきた大航海時代以来の世界的蛮行を全て告発する。無数の有色人種をリンチし、奴隷にし、民族を絶滅させ、だまして富を搾り取り、世界中の数千以上の言語と文化を滅ぼした。その当事者の子孫を全員処刑する。その蛮行を地ならしし続けたのはキリスト教だから、その邪教性を文明の名の下に全面否定し、新たに踏絵を踏ませ、踏まない者は白人がかつて有色人種に施してきたのと同じ目にあわせる。「その実の生るをもって知らん」とバイブルにも書いてある。……書いていて思うが、この方が東京裁判よりよほど「文明の裁き」と呼ぶに値するではないか。

が、もちろん、差し当たり言いたいことはそんなことではない。私は今、白人が歴史上やってきたことを、自分が彼らに対してやると仮定して書いただけだ。にもかかわらず、書いている自分が限りなくおぞましく感じられる。このような残忍な告発も復讐も、日本人には全く似つかわしくないからであろう。

要するに、「文明の裁き」という戦後を戦争の後に置くほどの野蛮さはないのである。戦闘停止後の、敗戦国指導部への裁きを、国際法的な正義の概念として普遍的に認めることは、勝てば官軍を認めることにほかならない。そんな理屈を通せば、テロにおける勝者の容認にまで話を拡大せざるを得なくなる。国際社会は放っておいても最後は勝てば官軍の世界なのだ。だからこそ、強国や勝者がどこまで国際法を遵守するかは別にしても、理念としての国際法は、一時的な勝敗によって揺るがぬ公正さと節度で構成しなければ、国際社会は力のごり押しだけの危険極まる海に再び転落する。

映画で描かれる廃人東条は完全な嘘

東京裁判のこうした不当性と無効性は、当時の日本人にも理解されていた。

その最たる一人が、開戦当時の首相だった東条英機である。東条には綿密な宣誓供述書と裁判の記録映像が残っている。そこに映し出される法廷での東条は、毅然とした威厳ある老軍人である。この威厳はどこから来るか。

それは、東条が、この裁判に死をもって臨み、二つの鉄則を守ることに人生の最後を集中したからだ。その第一が、天皇に訴追が及ばぬよう、全戦争責任を自らが引き受け、天皇の楯となることである。第二が、日本国民に対する敗戦責任は追うが、連合国に対する戦争犯罪はもとより存在しないし、戦争開始の判断はあくまで正しかったという、「勝者の裁き」への断乎たる拒否である。

戦争が国際法上より見て正しき戦争であったか否かの問題と、敗戦の責任如何との問題とは、明白に分別の出来る二つの異なった問題であります。第一の問題は外国との問題であり且法律的性質の問題であります。私は最後まで此の戦争は自衛戦であり、現時承認せられたる国際法には違反せぬ戦争なりと主張します。私は未だ曾て我国が本戦争を為したことを以て国際犯罪なりとして勝者より訴追せられ、又敗戦国の適法なる官吏たりし者が個人的の国際法上の犯人なり、又条約の違反者なりとして糾弾せられるとは考えた事とてはありませぬ。

第二の問題、即ち敗戦の責任については当時の総理大臣たりし私の責任であります。この意味に於ける責任は私は之を受諾するのみならず真心より進んで之を負荷せんことを希望するものであります。

（渡部昇一『東條英機　歴史の証言』）

ところが、映画での東条は全く別人として描かれる。まず、米軍は、東京に駐屯後、即刻東条邸に殺到して逮捕するという構成になっている。彼らは、口々に「逃亡を許すな！」と叫びながら、東条逮捕に向かう。そして真夜中に東条邸の錠前を断ち切って、なだれ込む。

しかし、こんなとき日本人は逃亡などというケチなことはしないのである。そして、実際の米軍も武人の名誉の観念はあり、日本の武士道は知っていた。彼らは昼間、東条邸を訪問し、出頭を求めるという形を取った。東条は、二階でアメリカ人新聞記者と話していたが、出頭命令を確認すると、奥に引っ込み、拳銃による自殺を図った。「生きて虜囚の辱めを受けず」という戦陣訓を定めたのは東条自身だったのである。だがこのままでは殉教者になりかねない。アメリカは裁判にかけるために必死の蘇生治療を行い、自殺は未遂に終わった。これが史実である。

さらに驚くべきことには、この映画では、その後巣鴨拘置所に収監された東条が完全な廃人として登場するのである。口はきけない。目は虚ろだ。立てもしない。ペンを持つ手はぶるぶる震える。罪の意識と処刑の恐怖におののく戦争犯罪人の末路という訳であろう。だが、先ほどの、東京裁判での供述書と映像による堂々たる弁明を見れば、この廃人東条の姿は、誇張とか虚像でさえない。完全な嘘である。

捏造されるマッカーサー像

一方、映画は司令官として乗り込んだマッカーサーを、過剰なまでにカリスマとして強調する。必ずしも、間違いではない。マッカーサーは、徹底して自己演出し、孤高の軍人を演じた。滞日六年を通じて、昭和天皇と吉田茂以外の日本人とはほとんど面会しなかった。自らの存在を日本人の目から隠すことで、神秘化し、日本人に自分の意向を憶測させ、恐怖させようとした。

だが、マッカーサーには日本との関係で前史がある。その前史が全く語られぬまま、こうしたカリスマ性のみが強調されたマッカーサー像もまた、明らかに歴史の捏造だろう。

マッカーサーは父親が初代フィリピン軍政総督、自身も友人マヌエル・ケソンが大統領に就任すると、その要請でフィリピン軍顧問を務めると共に、フィリピンで財をなした。日米開戦時は中将として、フィリピンを守備していた（開戦直後に大将に昇進）。ところが、当然予想できたフィリピンへの日本軍の上陸に際し、ワシントンに部隊増強の要請を繰り返すばかりで、士気の高揚や綿密な事前演習もせず、米軍を大敗させた上、駐留米軍八万人をフィリピンに置き去りにして、家族同伴で島から脱出した。ワシントンからの命令だったとはいえ、指揮権も施政権も放り出し、自分の側近に死地での後事を託してである。

オーストラリアに逃亡したマッカーサーは、しかし、アメリカ国民の戦意高揚のため、凱旋将軍のような華々しいパレードで世界のマスコミの前に登場し、陸軍の南西太平洋方面連合軍総司令官に昇格する。アメリカ政府もマッカーサーも、日本の大本営発表の愚直な嘘が可愛らしく見えるような狡猾さだ。

逃亡＝凱旋先のオーストラリアで、彼は雄弁極まる演説を行い、その中の一節〝I shall return.〟は、全米を感動させた。

だが、フィリピン戦での米軍の被害は甚大だった。飢えと病は深刻だった。置き去りにされ、大量の捕虜となり、あるいは密林の奥で日本軍に投降せずに潜んでいたアメリカ兵やフィリピン兵たちはマッカーサーをどう見たであろう。

将兵の多くは、マッカーサー大将が自分たちを見捨てた、と感じていた。しかしフィリピン兵にすれば、すでに米国兵に信頼を失っていたので、いまさらなんの感慨もなかった。いまや有名になった大将のことば、「アイ・シャル・リターン」を冗談につかって楽しんでいた。

たとえば、一人の兵士が大声で申告する。
「軍曹どの、便所に行って参ります。でも、私は帰って参ります（アイ・シャル・リターン）」
そこで、軍曹もいう。
「よし、オレも行く。だが、お前たち、さぼるんじゃないぜ。オレも〝アイ・シャル・リターン〟だからな」

（児島襄『太平洋戦争』）

三年後、日本人に完敗したマッカーサーが、どんな気持で日本の占領に向かったかは想像に難くないのである。

日本人は敗れても誇りを失っていなかった

一方、マッカーサーを迎え入れた敗戦日本の側は、敗戦当初どういう状態であったか。焦土と化し、三百十万人もの死者を出したにもかかわらず、余力を残しての敗北だった。政府は健全な統治能力を持ったまま残っている。第二次大戦の敗戦国は、ナチスドイツも、イタリアも、政府そのものが瓦解した。日本は、政府の統治能力のみならず、国民の士気も盛んなままだった。軍規も一糸乱れていない。国内外合わせて五百万人とも言われる武装兵力が残存していた中で、あくまで敗戦を選んだのである。

何よりも、終戦直後の日本人は、大東亜戦争という戦いに強い誇りを抱いていた。

（前略）静かなやうでありながら、そこには嵐があつた。国民の激しい感情の嵐であつた。広場の柵をつかまへ泣き叫んでゐる少女があつた。日本人である。みんな日本人である。この日正午その耳に拝した玉音が深く深く胸に刻み込まれてゐるのである。ああけふこの日、このやうな天皇陛下の御言葉を聴かうとは誰が想像してゐたであらう。戦争は勝てる。国民の一人一人があらん限りの力を出し尽せば、大東亜戦争は必ず勝てる。さう思ひ、さう信じて、この人達はきのふまで空襲も怖れずに戦つて来たのである。それがこんなことになつた。あれだけ長い間苦しみを苦しみとせず耐へ抜いて来た戦ひであつた。

泣けるのは当然である。群衆の中から歌声が流れはじめた。「海ゆかば」の歌である。一人が歌ひはじめると、すべての者が泣きじやくりながらこれに唱和した。「大君の辺にこそ死なめかへりみはせじ」この歌声もまた大内山へと流れて行つた。またちがつた歌声が右の方から起つた。「君ヶ代」である。歌はまたみんなに唱和された。ああ、天皇陛下の御耳に届き参らせたであらうか。

天皇陛下、お許し下さい。

天皇陛下！　悲痛な叫びがあちこちから聞えた。一人の青年が起ち上つて、「天皇陛下万歳」とあらん限りの声をふりしぼつて奉唱した。群衆の後の方でまた「天皇陛下万歳」の声が起つた。将校と学生であつた。

土下座の群衆は立ち去らうともしなかつた。歌つては泣き泣いてはまた歌つた。通勤時間に、この群衆は二重橋前を埋め尽してゐた。けふもあすもこの国民の声は続くであらう。あすもあさつても「海ゆかば……」は歌ひつづけられるであらう。民族の声である。大御心を奉戴し、苦難の生活に突進せんとする民草の声である。日本民族は敗れはしなかつた。

（「朝日新聞」昭和二十年八月十六日）

大東亜戦争への誇りも、戦意も、天皇への強い思慕も、全く衰えていない。およそ敗戦国民の姿ではない。映画『終戦のエンペラー』が描く、焼け野原に無気力にたむろする泥だらけの「日本土民」の群とはかけ離れた、凜々しい敗戦風景だ。

これは戦時中、最も愛国心を鼓舞した朝日新聞――当時の朝日は今とは違い、中野正剛、緒方竹虎、長谷川如是閑ら、最良の国士が揃っていた――の記事だ。気負いがあり過ぎだと見る向きもあろう。たしかに、もっと冷静な声もあった。戦争の終わりにほっとした人々もいた。だが、誰にも、自信喪失や自我の葛藤はなかった。敗北への自責の念こそあれ、戦争責任など思いもよらなかった。戦勝国に対する自恃《じじ》こそあれ、道徳的羞恥など露ほどもなかった。

日本人を精神的に屈服させようとしたGHQ

このように依然として精神的に高揚している日本人を統治することは、GHQ側にとって、統治技術上の問題以上に、心理的に苦痛だっただろう。日本人をこの精神状態のまま統治すれば、統治側が、かえって心理的劣勢に立たされる。それほど日本人の心は強かった。

……マックアーサー元帥の言明を契機としここ数日新生日本の政治問題に関する論議は俄かに活潑となつてきた。対日処理強硬論が現れつつある。（中略）かうした事実よりさらに注目をひくのはかつてのジャパン・アドバタイザーの責任者フライシャーなどのいふが如く「日本は物的に敗れたが、精神的には敗れてゐない」といふ観察である。

過日の議会を参観した特派員たちは、

「日本では敗戦の原因については多く論じられてゐるが戦争責任そのものについては何ら論じられてゐない」

と打電してゐる。彼らには総理の演説においてもその点に触れてゐないことが不満なのである。

（「朝日新聞」昭和二十年九月十五日）

GHQは、戦争終結前から日本の占領方針を研究していたが、日本人の気力旺盛な実情を見て、「精神的に」も早急に負かしてやらねばならぬと考えた。この記事から一週間も経たない九月二十一日には早くも、「日本ノ新聞準則ニ関スル覚書」（SCAPIN-33）、いわゆるプレスコードを出し、言論統制の方針を決める。新聞への事前検閲が十月八日から開始される。実際の検閲作業からのフィードバックをもとに、十一月下旬には、次のような具体的な禁止事項が確定した。三十項目にも上る、日本史上空前の言論弾圧である。

（一）ＳＣＡＰ——連合国最高司令官（司令部）に対する批判
（二）極東軍事裁判批判
（三）ＳＣＡＰが憲法を起草したことに対する批判
（四）検閲制度への言及
（五）合衆国に対する批判
（六）ロシアに対する批判
（七）英国に対する批判
（八）朝鮮人に対する批判
（九）中国に対する批判
（一〇）他の連合国に対する批判
（一一）連合国一般に対する批判
（一二）満州における日本人取扱についての批判
（一三）連合国の戦前の政策に対する批判
（一四）第三次世界大戦への言及

（一五）ソ連対西側諸国の「冷戦」に関する言及
（一六）戦争擁護の宣伝
（一七）神国日本の宣伝
（一八）軍人主義の宣伝
（一九）ナショナリズムの宣伝
（二〇）大東亜共栄圏の宣伝
（二一）その他の宣伝
（二二）戦争犯罪人の正当化および擁護
（二三）占領軍兵士と日本女性との交渉
（二四）闇市の状況
（二五）占領軍軍隊に対する批判
（二六）飢餓の誇張
（二七）暴力と不穏の行動の煽動
（二八）虚偽の報道
（二九）ＳＣＡＰまたは地方軍政部に対する不適切な言及
（三〇）解禁されていない報道の公表

（江藤淳『閉された言語空間』）

要するに、昭和二十年十一月の段階での日本と世界のリアルな政治状況のほぼ全てが報道を禁じられている。北朝鮮並みである。連合国への批判は一切禁じられたが、戦前の連合国の政策、GHQによる憲法起草、満州国日本人の取り扱いがわざわざ項目化されているのは、これらに関しては、特に負い目を自覚していたからであろう。戦争擁護、神国日本、軍人主義、ナショナリズム、大東亜共栄圏への一切の宣伝が禁じられているのは、逆に、それらが依然として、言論としての信認力を持っていると認めざるを得なかったからである。いずれも、占領の正当性への、アメリカ側の自信のなさの表れである。

正義の名を借りた史上空前規模の言論弾圧

これだけの言論弾圧が、自由の国アメリカによって、日本の民衆の解放の美名の下に七年も続いた。

しかも、悪質なことに、GHQはこれらを全て事前検閲として行った。

戦前の日本政府も検閲は行っていたが、事後検閲で伏字が用いられていた。第二次大戦前の世界では広く行われていたことだ。例えばこんな具合である。

「中国の同志へ手をさしのべる」
君たちの×はおれらの堅固なトリデとなった
君たちの腕はおれらを守る鉄条網!
中国×××の同志よ
輝かしい君たちの陣営へ手をさしのべる
(中略)
×××!　爆破と射撃と堂々たる××」
×××××××!

検閲前の原文は次の通りだ。

君たちの屍はおれらの堅固なトリデとなった
君たちの腕はおれらを守る鉄条網!
中国赤衛軍の同志よ
輝かしい君たちの陣営へ手をさしのべる
(中略)

あか旗！ 爆破と射撃と堂々たる奪回
ソヴェートの建設！

（昭和六年一月 雑誌『プロレタリア詩』創刊号）

検閲の中身は想像がつく以上、これでは中身を知らせないための検閲というよりも、検閲をしている事実を知らせるための検閲でしかないであろう。

無論、ＧＨＱが、そんな間の抜けた検閲を行うわけにはゆかない。彼らは、日本軍国主義の圧政から日本人を解放し、言論の自由を保障する正義であり続けなければならないからだ。だから彼らは事前検閲を採用したのである。前記の基準に合致しない記述は、事前チェックで、削除や書き換えを命じられ、紙面そのものの組み換えが強制された。日々の新聞までそれをする。日本史上空前規模の言論弾圧である。

こうして、アメリカ占領軍による検閲の事実そのものが日本人の目から隠された。そして、このような方針による、連合国肯定と大東亜戦争や日本否定、軍部悪玉論が、日本中の新聞、ラジオ、教科書、出版物に溢れ返る。自由と民主の名の下に、自発的な言論の仮面を被って。日本人が民族全体として、それにだまされ、急激に自信喪失し、英米コンプレックスに冒され、自国の戦争や伝統を恥ずべきものと感じ始めるのに、占領の七年は充分過ぎる時間であった。

これほど徹底した嘘、これほど徹底した侮辱があるだろうか。

そしてこれほどの「嘘」に塗り固められて配給された自由と民主主義、その継続として現代に至った日本国とは一体何なのか。

白人による独断と誤りに満ちた日本理解

ここに重大な事実がある。それは、映画『終戦のエンペラー』の主人公フェラーズが、この洗脳計画のもとになった日本人の心理分析の担当者であったことである。

フェラーズがマッカーサーに提出した「対日心理作戦報告書」が残っている。


対日戦には途方もなく大きな障害がある。日本は過去に戦争に負けた経験がない。日本は古い帝国であり、国民は勤勉でつつましく団結力が強い。そして狂信的な愛国者である。日本人の精神構造は西洋人には理解しがたいほど不可解である。神国による世界支配という民族の運命と夢に酔っている。彼らは徹底的に偽りの思想をたたき込まれているため、次のように信じている。

日本軍は精神的に他国のどの軍隊より強靭である。

日本軍は不敗である。

日本兵に降伏はありえない。

日本の戦いはアジアを白人支配から解放する聖戦である。
西洋人は軟弱である。不屈の精神に欠ける。
西洋人は実利にのみ走る。
西洋人は捕虜を拷問にかけて殺す。西洋人の意図はアジア人を奴隷にすることである。
このように日本人はあまりにも自らの力を過信し、かつ西洋理解を誤っているので、この戦闘では連合国軍にふたつのことが要求される。ひとつは当然のことながら日本を全面的な軍事的敗北に追い込み、その過信を完膚なきまでに打ち砕くことであり、もうひとつは日本人を徹底的に精神改造して妄想から解放することである。

（『終戦のエンペラー』）

知日派とされるフェラーズの日本理解が、ほとんど白人の独断による土人理解の水準であることに驚くべきだろうか。

日本人の精神構造は西洋人には理解しがたいほど不可解である。神国による世界支配という民族の運命と夢に酔っている。彼らは徹底的に偽りの思想をたたき込まれている。

（『終戦のエンペラー』）

こんな決めつけを読むと、私はそれこそ悪夢に酔いそうだ。「神国による世界支配」などという思想に酔っている日本人はいなかった。いたらそれこそ狂人呼ばわりされたであろう。

そもそも「世界支配」という概念は、ユダヤ・キリスト教の文脈によるもので、日本人の思考回路には存在しない。「偽りの思想」は皇国史観と神国思想を指すのだろうが、ガリガリに形骸化した言葉だけのそれらを誰が信じていただろう。当時の青少年が信じたのは、生な事実としての戦争と勇士の生き方と死に様であって、「偽りの思想」などではない。一方、大人たちは思想になど酔わない。そして、日本の思想界は、明治以来、西洋思想の膨大な輸入も既に済ませ、咀嚼《そしやく》と独創への苦闘の半世紀を経ている。狂信的な民族集団になどなりようもないのである。

おまけに、フェラーズが誤りを指摘している各項目は、今見ればむしろそう誤っていないのではないか。

日本軍は実際、精神的に強靭であった。戦時中、国民や兵隊に自国の不敗を叩き込むのは当然であろう。「日本の戦いはアジアを白人支配から解放」したのは、歴史が証明している。「聖戦」というキリスト教の符牒を我が国が振り回したのが浅薄だったというだけのことだ。西洋人は戦闘では日本人に較べたしかに軟弱だし、逆に、実利主義的傾向は、日本人とは比較にならず強い。十九世紀までの西洋人の、植民地での残虐行為は「拷問」に限らず枚挙にいとまなく、実際に「アジア人を奴隷に」してきたではないか。

現在、以上の私の反論に再反論を加えるのは難しいはずだ。「理解しがたいほど不可解」なのは、自分を理性的だと頭から信じ込んでいるフェラーズの自己理解であり、日本理解の方であろう。

こうして、有色人種として、例のない近代化に成功した日本は、敗戦後、例のないほど粗雑な心理分析をもとに、屈辱的な集団洗脳に冒された。その心理的外傷は、今も癒えていないどころか、むしろ強化され続けている。次に示すように、映画『終戦のエンペラー』の末尾こそはその証明であろう。

昭和天皇の全責任発言はあったのか

昭和天皇とマッカーサーの歴史的会見——。

この映画では、天皇を戦犯として訴追すべきかどうかの証拠が見出せぬため、マッカーサーがフェラーズに、天皇との会見の設定を指示する。だが、事実は逆だ。昭和天皇が望んで、自らマッカーサーを訪問されたのである。マッカーサーによる召喚ではなく、天皇自らの決断だ。

この違いは決定的である。

終戦からほどなく、先ほどのプレスコード決定の六日後に当たる九月二十七日、両者の会見は実現した。この会見について、後年、マッカーサーは回顧録に次のように書いている。

私が米国製のタバコを差出すと、天皇は礼をいって受取られた。そのタバコに火をつけてさしあげた時、私は天皇の手がふるえているのに気がついた。私はできるだけ天皇のご気分を楽にすることにつとめたが、天皇の感じている屈辱の苦しみが、いかに深いものであるかが、私にはよくわかっていた。

私は天皇が、戦争犯罪者として起訴されないよう、自分の立場を訴えはじめるのではないか、という不安を感じた。連合国の一部、ことにソ連と英国からは、天皇を戦争犯罪者に含めろという声がかなり強くあがっていた。現に、これらの国が提出した最初の戦犯リストには、天皇が筆頭に記されていたのだ。私は、そのような不公正な行動が、いかに悲劇的な結果を招くことになるかが、よくわかっていたので、そういった動きには強力に抵抗した。

ワシントンが英国の見解に傾きそうになった時には、私は、もしそんなことをすれば、少なくとも百万の将校が必要になると警告した。天皇が戦争犯罪者として起訴され、おそらく絞首刑に処せられることにでもなれば、日本中に軍政をしかねばならなくなり、ゲリラ戦がはじまることは、まず間違いないと私はみていた。けっきょく天皇の名は、リストからはずされたのだが、こういったいきさつを、天皇は少しも知っていなかったのである。

しかし、この私の不安は根拠のないものだった。天皇の口から出たのは、次のような言葉だった。

「私は、国民が戦争遂行にあたって政治、軍事両面で行ったすべての決定と行動に対する全責任を負う者として、私自身をあなたの代表する諸国の裁決にゆだねるためおたずねした」。

私は大きい感動にゆさぶられた。死をともなうほどの責任、それも私の知り尽くしている諸事実に照らして、明らかに天皇に帰すべきではない責任を引受けようとする、この勇気に満ちた態度は、私の骨の髄までもゆり動かした。（ダグラス・マッカーサー『マッカーサー大戦回顧録』）

この証言の信憑性を疑う見解は長く歴史学界に根強い。昭和天皇が自らを犠牲になさる発言をされたかどうかが、疑惑の焦点となっている。マッカーサーの自伝には記憶の誤りや誇張が多いという理由で、この部分がマッカーサーの創作ではないかという論争が、天皇制に好意を抱かない学者らによって繰り返されてきた。会見は、二人だけで行われ、他の列席者は通訳の奥村勝蔵外務省参事官のみだった。その奥村が記録していた会見録は、平成十四年に外務省によって公開されたが、その中には、上記の昭和天皇の発言はない。発言否定派は元気づいた。

だが、この問題は、完全に決着を見ていると言っていいと私は考える。

実証的な昭和史研究で知られる秦郁彦によれば、この発言をめぐる一次資料は二点確認されている。一つは言うまでもなく上記のマッカーサー回顧録であり、もう一つはアメリカ国務省からGHQに派遣されていた政治顧問ジョージ・アチソンから国務省宛の十月二十七日付電文である。

マッカーサーから聞いたところでは「天皇は握手が終ると、開戦通告の前に真珠湾を攻撃したのは、全く自分の意図からではなく、東条のトリックにかけられたからである。しかし、それがゆえに責任を回避しようとするつもりはない。天皇は、日本国民の指導者として、臣民のとったあらゆる行動に責任を持つつもりだと述べた」とのこと。

（秦郁彦『歪められる日本現代史』）

秦によれば、極秘指定解除は一九七四年とのことだ。にもかかわらず、実証史学の研究者たちがこの電文を引用したのを見たことがないのはどうしたことだろう。

ちなみに「東条のトリック」云々は、宣戦布告の遅れの真因がアメリカ大使館の職務怠慢によるという事実を知らされていなかった昭和天皇が、この当時は、本当に東条のだまし討ちだと考えておられたからであろう。天皇は事の理非曲直には極めて厳正だった。だが、アチソン電文によれば、ご自身が真相と思われる点は明確にした上で、それでもなお、全責任は自分が負うとされた。いかにも昭和天皇らしい。

天皇制存続に反対だったアチソンに美化の意図がないのは当然として、電文に政治的な恣意は感じられない。アメリカにとって東条訴追は既定の事実であり、天皇による新たな批判を必要としない。天皇が責任を取るとの発言は、アメリカ政権中枢に、美談と受け取られるか、それが天皇訴追の口実になるか、どちらにも転じ得る。アチソンの文面は純然たる報告である。これを偽書としない限り、天皇の全責任発言はあったと見るほかはあるまい。

マッカーサー回顧録が図らずも物語ること

それは別にして、マッカーサーの回顧録に戻ると、これはこれで興味深い文章である。たしかにこの本は、全編、自慢と自己弁護のオンパレードで、実に辟易《へきえき》させられるが、この場面でのマッカーサーは、天皇の美化も逆に貶損《へんそん》も考えているようには見えない。いつもの大仰さもない。

マッカーサーによれば、気弱な文弱の徒のような姿で昭和天皇は現れた。先に触れたように会見を望んだのは、昭和天皇の側だ。マッカーサーが、「天皇が、戦争犯罪者として起訴されないよう、自分の立場を訴えはじめるのではないか、という不安を感じた」のは当然だろう。いや、会見の前のマッカーサーは、昭和天皇が自己弁護のためにこそ自分を訪ねてくるのだと考えていたに違いあるまい。

その昭和天皇が、マッカーサーの想像とは全く逆の申し出をした。手を震わせている年若の東洋の君主が、自らの責任を申し出た。自ら望んでやってきた君主が、責任回避ではなく、全責任を引き受けようとした。この人間的な印象が確かなものでなければ、マッカーサーは、なぜ、こんな発言をわざわざ回顧録に記す必要があったのか。

そもそも、創作しようにも、西洋史の文脈からは、このような発言をする君主は想像できなかろう。欧米の近代史を通じて、このようなリーダー、特に君主は存在しない。指導者が捨身の覚悟を示すことは、むしろ、非常に日本的なことだ。日本人である我々にとってこそ、リーダーたる者は、いざとなればこのような責任の取り方をするものだと考える。欧米では違う。君主はしばしば命乞いをする。一方、強いリーダーはあくまでも自己の正当性を主張し、戦い抜く。つまり、命乞いもせず、強力なリーダーシップを打ち出すのでもなく、進んで静かに責めを負うリーダー像はいかにも日本的なのである。

終戦に際して昭和天皇の詠まれた御製（天皇の詠まれた和歌）はまさに、その御決意の表明にほかならない。

爆撃にたふれゆく民の上をおもひ　いくさとめけり身はいかならむとも

この御製をそのままマッカーサーに吐露されたと見たとき、仮にアチソンの打電がなくとも、発言の真偽は自ずから明らかであろう。

その上、昭和天皇は、後年の記者会見で、会見の中身は生涯話さないというマッカーサーとの約束を「男子の一言」と言い表し、一切語られなかった。これも重い。

その発言内容がマッカーサーの創作で、実はこんな発言などしてもいなかったとしたら、昭和天皇は「男子の一言」という強い言葉を用いただろうか。天皇は偽りをもって自己正当化を図る人物ではない。発言は控え目だった。「男子の一言」は昭和天皇としては異例に強い。要するに、単なる両国の最高責任者同士が事務的な、または駆け引き上の外交を繰り広げただけの会見ではなかった、会見内容そのものが何か決定的な意味で「男子の一言」と言うべき重みを含んでいた、だから後年の記者会見で思わず「男子の一言」という言葉が口をついて出たのではなかったか。

断っておくが、これは天皇贔屓による情緒的な解釈などではない。人間理解というものだ。人間音痴がどんなに膨大な史料を積み重ねても歴史の機微に触れることは決してできない。史料が増えれば増えるほど、誤読の可能性だけが増えてゆく。史学界という同業者組合の中に歴史はない。一人一人の史家の孤独で誠実な、人間への洞察の中でしか、歴史が甦ることは決してない。

全く史実に反する会見シーン

ところが映画『終戦のエンペラー』では、会見の設定が史実に反するだけでなく、場面そのものが全くなっていない。

驚くべきことに、この映画では、昭和天皇がマッカーサーに英語で話しかけられるのである。私の知る限りこのような事実は記録にない。昭和天皇に限らず、元首が、相手国の言語で、最も重大な決意や提案を話すことは通常ない。国家と国家が対峙する場面である。尊厳がかかっている。国語は尊厳の起源である。それだけではない。不慣れな外国語を使えば、重大な誤解を与えかねない。母国語で慎重かつ正確に語り、専門職としての通訳に委ねるのが、外交交渉上の基本的なルールである。

日米戦争は、世界史上でも最大級の戦争、最大級の文明の激突だった。利害と民族性と理念、そして軍事力、外交力、民族力の全てが、両国の間で激突した。そして戦闘終結の後、まさに今GHQは日本の精神的武装解除に取りかかり始める。

その只中に行われたのが、この会見だった。

天皇は、政治的存在である以上に、日本の国柄を代表する存在であり、昭和天皇は当然ながらその自覚を痛切にお持ちだった。その天皇が、我が国の三百十万人が命を落とした直後に、自ら意を決して敵陣に乗り込んだのである。戦死者が、天皇への忠誠を、郷里や家族への愛と重ねて死んでいったことの全てが、天皇の双肩にかかっていた。

マッカーサーの回顧録はその瞬間の天皇の決意と戦《おのの》きとを伝えているが、この映画での昭和天皇は、そうした国家を背負う人間的な気迫とアウラが全く欠けている。その上、突然拙《つたな》い英語で、マッカーサーが回顧録で紹介している発言を語り始めるのである。

マッカーサーは、はじめ異物を見るように困惑する。英会話の練習とでも思ったかのようである。だが、それが昭和天皇の一途な誠意であることにやがて気づく。そして、あまりにも真剣にお遊戯の発表をする子供に接したときの、大人の困惑と微笑とで、この昭和天皇の一途さを受け入れる。それはまさに、いたいけな子供と、情にほだされた大人という構図でしかない。

——

互いに青ざめた緊張のうちに死闘を演じた日米両民族の興亡戦の戯画化にほかならない。英語で語りかける子供じみた健気な昭和天皇という、緊張感を欠いたフィクションを物語のクライマックスに置くことで、日本のみならず、米軍側に漲っていたはずの強烈な緊張感をも侮辱している。日米戦争を戦い、死んでいったアメリカ兵は十万人を超える。六十万人の死者を出した南北戦争以来、アメリカ人を最も殺した戦争だ。ベトナム戦争でさえ、死者は半分の五万人だったのである。本土から遠く離れて、なぜこんなに多くの若者が、直接の利害もないはずの日本との戦争で死ななければならなかったのか。彼らにとって死闘を演じるに値する日本であったのか。

この会見の場面は、こうした日米双方の死闘と戦後処理の意味そのものの風化の象徴であろう。制作者に日本侮辱の意図がなかったことは分かっている。だからこそ、この歴史への不感症は深刻なのである。

「偽善に満ちた戦後日米関係」の戯画

それにしても、映画『終戦のエンペラー』の主人公がフェラーズであることほどの皮肉があろうか。

日本人の精神的武装解除という最も陰険な占領政策の陰の「主役」だったフェラーズが、純然たる親日家として好感度抜群の映画の「主役」に収まるほど、彼の洗脳は徹底したものだったことになるからだ。これがフェラーズの狙った「平和」だったのだろうか。日米が死闘を演じたあの時代と、ここまで緊張感のない映画を日米の文化関係者が共同制作する時代と、どちらが生きるに値する時代なのか。

こんなだらけた平和、本音でのぶつかり合いのないまま続く日米同盟でも、あの戦争よりはましなのか。フェラーズに聞こうにも、彼は死んでいる。そしてフェラーズを演じた俳優のフォックスは、「日本軍がパールハーバーを攻撃したことで、アメリカはあの戦争に否応なしに巻き込まれた」などと歴史への無知丸出しのまま、映画に出演している。

死闘からは尊敬と友情が生まれる可能性もあるが、洗脳からは侮蔑と不信を秘めた偽りの関係しか生まれない。無関心しか生まれない。結局GHQの占領政策は、戦後日本の精神を堕落させただけでなく、日米関係そのものの本来的な可能性を奪うことで、世界の秩序を毀損《きそん》し続けているのではないか。

「日米関係の戦後」ほど、偽善だけでできたすれちがいの歴史はない、この映画の全てがその戯画だ。私にはそう見える。

第四章　「戦後」からの決別

――小説『永遠の0《ゼロ》』の奇跡

映画では隠された小説の科白

さて、振り出しに戻ろう。

映画『永遠の0《ゼロ》』は、どういう映画だったか。

それは、一見、戦争を現代風なヒューマンドラマに置き換え過ぎている――少なくとも初見での私にはそう見えた。その意味で、戦争というテーマからはっきり逃げて己の美学に閉じ籠もった『風立ちぬ』や、東京裁判史観そのものの『終戦のエンペラー』と、同質の映画かと思わせる作りだった。ところが、注意深く見ると映画『永遠の0《ゼロ》』は、現代的なヒューマンドラマ風の展開と科白とをベースにしながら、映画全体の構造としては、見事なまでにあの戦争を生きた軍人の勇姿を捉えている――映画『永遠の0《ゼロ》』の孕むこの矛盾が、本書の知的冒険の起点だった。

なぜこんな矛盾が映画に生じたのか？

小説『永遠の0《ゼロ》』をじっくり読むと、それは、たちどころに明らかになる。

『風立ちぬ』は零戦設計者である堀越二郎の回想録『零戦』の歴史観や戦争観を全く裏切っていた。完全に別人の堀越二郎を創作していた。『終戦のエンペラー』も、歴史の完全な塗り替えだった。クライマックスでの昭和天皇とマッカーサーの会見が、史実と逆にマッカーサーの指示で設定されていたり、天皇が英語で話しかけられるなど歴史表現に関する根本的なルールを逸脱した映画だと言っていい。

映画『永遠の0《ゼロ》』では、山崎監督は、明らかに、原作の科白に込められた百田尚樹の思想を充分に理解している。そして、その思想を映画によって最大限甦らせようと狙った。そのとき、山崎が使った手段こそが、映画の構造や俳優の沈黙の演技に、最大限、原作の思想を語らせるという手法であった。

その代わり映画『永遠の0《ゼロ》』は、戦後的ヒューマンドラマの科白を多用し、原作に多数見られる、主人公・宮部久蔵の軍人らしい科白や、作者本来の戦争観を示す言葉を、注意深く全て省いている。前章に指摘したGHQのプレスコードから、書物はかなり自由になったが、映像作品はまだ完全に拘束されている——この信じ難い現代日本の言論状況を示す強烈な証拠と言わざるを得ない。

百田尚樹のダイナミックな歴史観

では、映画が科白として隠したのは、端的には何か。

それは例えば、何よりもまず、作者の戦争観そのものだ。百田は次のように語る。

戦後生まれの若い人ほど、祖父たちの世代の戦いぶりを知って驚く傾向があります。われわれは義務教育であらゆる科目を習いますが、欠けているのが近代史の知識です。とくに大東亜戦争については、まったく教えられていない。あの戦争は、明治維新よりもはるかに重大な意味をもつ「歴史的事件」です。わずか四年の戦争で日本は三〇〇万人もの人命を失った。アメリカの空襲で東京、大阪、名古屋、北九州などの国土が一面の焼け野原になった。まさに国が滅ぶかどうかの大事件だったのです。これをしっかりと学ばないでどうしますか。

（『Ｖｏｉｃｅ』二〇一三年九月号）

小説『永遠の0《ゼロ》』は、こういう歴史観を持った人物の書いた小説である。第一に、百田は、日米戦争を「太平洋戦争」と呼ばずに「大東亜戦争」と呼んでいる。映画では「大東亜戦争」の呼称は消え、全て「太平洋戦争」に統一されている。昭和十六年十二月八日の宣戦布告直後の十二日、東条内閣は、「今次ノ対米英戦争及今後情勢ノ推移ニ伴ヒ生起スルコトアルヘキ戦争ハ支那事変ヲモ含メ大東亜戦争ト呼称ス」と閣議決定した。そしてこの名称は「大東亜新秩序建設」という戦争の目的を表していることも明記された。「大東亜新秩序建設」とは、アジア・太平洋地域における欧米の植民地支配打破のことだ。つまり、当時の日本人は、皆、あの戦争を「大東亜戦争」と呼び、その理念を知った上でこれを戦ったのであって、誰一人「太平洋戦争」などという戦争を戦った者はいない。「大東亜戦争」を禁じ、「太平洋戦争」を強制したのはGHQだが、今に至るまでテレビや教科書などで「大東亜戦争」は自己検閲の対象になっている。

著者・百田尚樹は、この呪縛の外にいる。

だが、ここでの百田の発言で何と言っても慧眼なのは「あの戦争は、明治維新よりもはるかに重大な意味を持つ「歴史的事件」だという指摘だろう。大東亜戦争を明治維新以上の「歴史的事件」と見做す百田のダイナミックな史観は、大東亜戦争罪悪論を一言で粉砕する迫力を持つ。つまり、原作『永遠の0《ゼロ》』は、歴史のそうしたダイナミズムを肌で感じている作者による「大東亜戦争そのものを主人公とした小説」なのである。

実際、この小説は、大東亜戦争の簡潔な戦記として、よくできている。宮部の孫である佐伯姉弟が、宮部の戦友たちを訪ねながら、真珠湾攻撃、ミッドウェー海戦、ラバウルからのガダルカナル攻撃、そして戦局が悪化する中での特攻作戦へという戦争の流れを辿る。戦友の語り聞かせを通じてなので、流れが頭に入りやすいのである。これは映画でもおおむね継承されている。

吉村昭の一連の戦争文学や、児島襄の一連の史書は、大東亜戦争を描いて、より精密で考証にも富んだ名著だが、筆が専門的な細部や史観に届き過ぎる。戦記は、丁寧で正確になるほど、戦争と無縁の現代の読者には読みにくくなる。『永遠の0《ゼロ》』は、戦争の解説としても、戦記の入門としても、細部の記述まで専門的な傷が少ないのに、非常に読みやすい。

文章もべたつかず、明晰だ。昨今の日本の小説は純文学とエンターテインメントを問わず、文体の弛緩や冗漫化が著しい。近年若手の純文学は、かつての私小説の伝統が最悪の形で生き永らえ、病理的なまでに個人的な世界、独白というより独善的な文体へと低徊し、エンターテインメントには平板なヒューマニズムが席巻する。百田は元軍人の言葉を巧みに使い分けることで、日本語に常識と生気を取り戻している。その簡潔な強さは、軍人の物語にふさわしい。

平成版、戦う男たちの物語

映画を見た後で、原作に興味を持つ読者も、今後増えよう。その人たちは、映画では中心主題である宮部の「妻子への愛」が、原作では、ほとんど出てこないことに驚くに違いない。映画をあれほど美しくしていた宮部と妻との愛は、原作の文庫版五百七十ページ以上の大作の中で、たった二カ所、合計三ページほど登場するに過ぎない。しかも夫婦の語らいはない。

原作はあくまでも「戦う男たちの物語」なのだ。そして、男たちの物語であることによって、三百五十万部を超える大ベストセラーになった。正面きって語られる男の物語がすっかり枯渇した現代に、かつての吉川英治の『宮本武蔵』『新・平家物語』や司馬遼太郎の『竜馬がゆく』『坂の上の雲』など、戦う男たちの物語の平成版として、世に受け入れられた。男性の中性化が言われる現代でも、辛口の男の物語は、必要とされているということであろうか。

「命が大切というのは、自然な感情だと思いますが？」

長谷川はじろりと姉を睨《にら》んだ。

「それは女の感情だ」

「どういう意味でしょう？」

ぼくは小さな声で、姉さん、と言った。しかし彼女は聞こえないふりをした。

「男も女も同じだと思います。自分の命を大切にするというのは当たり前のことじゃないですか」

「それはね、お嬢さん。平和な時代の考え方だよ。我々は日本という国が滅ぶかどうかという戦いをしていたんだ。たとえわしが死んでも、それで国が残ればいい、と。ところが宮部という男は違った。あいつは戦場から逃げ回っていたんだ」

「それって素晴らしい考えだと思いますけど」

「素晴らしいだと！」長谷川は声を上げた。「戦争で逃げ回る兵隊がいたら戦いになるか」

「みんながそういう考え方であれば、戦争なんか起きないと思います」

長谷川はぽかんと口を開けた。

「あんたは学校で何を習ってきたんだ。世界の歴史を学ばなかったのか。人類の歴史は戦争の歴史だ。もちろん戦争は悪だ。最大の悪だろう。そんなことは誰もがわかっている。だが誰も戦争をなくせない」

「戦争は必要悪って言いたいのですか?」

「今ここで戦争が必要悪であるかどうかをあんたと議論しても無意味だ。そんなものはあんたが会社に戻って、上司や同僚と思う存分やれ。それで戦争をなくす方法が見つかれば、本にでもすればいい。世界の首脳たちに贈れば、明日にでも戦争はなくなるだろうよ。なんなら、今も紛争を続けている地域にでも行って、みんなで逃げ回れば紛争はなくなります、と説いて回ればいい」

姉は唇を噛《か》んだ。

「いいか、戦場は戦うところだ。逃げるところじゃない。あの戦争が侵略戦争だったか、自衛のための戦争だったかは、わしたち兵士にとっては関係ない。戦場に出れば、目の前の敵を討つ。それが兵士の務めだ。和平や停戦は政治家の仕事だ。違うか」

長谷川は言いながらまた右手で腕のない左肩を触った。

「宮部はいつも戦場から逃げ回っていた」

姉は答えなかった。

「祖父のことが嫌いだったのですね」とぼくは聞いた。

長谷川はぼくの方を見た。

「わしが宮部を臆病者と言うのは、奴が飛行機乗りだったからだ。奴が赤紙で召集された兵隊なら、命が惜しいと言ったところで何も言わん。だが奴は志願兵だった。自ら軍人になりたいと望んでなった航空兵だ。それゆえわしは奴が許せん。こんなわしの話が聞きたいか」

（百田尚樹『永遠の0《ゼロ》』）


元軍人の科白として、完璧であろう。実際に戦場で戦った男の言葉だけが持つ覇気と威厳と正確さがある。引き締まった言葉遣い、本質を直球で射当てる論理、戦争観――戦後日本人が見ない振りをしてきた至極当然の現実が正確に語られている。

百田が、最初に登場する戦友にこれを語らせていることが重要なのである。だが、映画『永遠の0《ゼロ》』からは、これらの科白は全て消えている。第一章で書いたように、長谷川を演じる平幹二朗は、性格俳優としての強烈な存在感だけで、元軍人の誇りと屈折を表現していた。だが、こうして原作を見てしまうと、さすがに苦しい。映画で平に許された科白は、宮部の臆病さの糾弾だけだが、原作は、実はそれ以上に、戦争に関する戦後日本人のおめでたい思考停止への糾弾だったのである。この科白こそ、ぜひ、平の、あの強烈な表現力で聞いてみたかったと思うのは、私だけであろうか。

おめでたい思考停止への糾弾

実際、姉の佐伯慶子の戦後平和主義は、全く長谷川に反論できない。慶子の思考は、戦争など起きっこないという絶対的な確信の上に立っている。彼女の脳味噌の中では、戦争は絶対悪であり、糾弾していれば済むだけの対象だった。自分の身に戦争が降りかかることがあるとは想像もしていない。だからそのときどう身を処するか、考える気さえない。彼女にとって戦争は空想に過ぎない。皆が戦争を忌避すれば戦争が起きないというのは考えた上での結論ではない。彼女の思考空間にそもそも戦争が存在していないというだけのことなのだ。

皆が盗みをしなければ鍵はいらない。皆が人殺しをしなければ警察はいらない。慶子は鍵も警察もない世界で生きる勇気が本当にあるか。平和を気軽に口にする現代日本人が、マンションのセキュリティを異常に気にし、何か言われればセクシャルハラスメントやパワーハラスメントではないかと神経質になり、人間の善性など全く信用していない。それなのに「平和」だけはただで手に入ると思っている。

もちろんここに強く残響しているのは、日本国憲法前文の、次の「思想」である。

日本国民は、恒久の平和を念願し、人間相互の関係を支配する崇高な理想を深く自覚するのであつて、平和を愛する諸国民の公正と信義に信頼して、われらの安全と生存を保持しようと決意した。われらは、平和を維持し、専制と隷従、圧迫と偏狭を地上から永遠に除去しようと努めてゐる国際社会において、名誉ある地位を占めたいと思ふ。

「国際社会」は、「平和を維持し、専制と隷従、圧迫と偏狭を地上から永遠に除去しようと努めてゐ」ない。残念ながら、国際社会では、「人間相互の関係を支配する」のは「崇高な理想」ではないのである。少なくとも、このような「崇高な理想」と正反対の振舞いをする国を、我が国は周辺に何カ国か持っている。「われらの安全と生存を保持しよう」とするのに、「平和を愛する諸国民の公正と信義に信頼」できるかどうか、中国、北朝鮮、韓国などの諸国の立居振舞を見れば、一々述べるまでもあるまい。

『風立ちぬ』を論じた第二章でも書いたことだが、大切なことなので再論する。私は、「崇高な理想」を否定も嘲笑もしない。その理想に本当に近づこうとすれば、まず現実を直視しなければならないと言っているだけだ。文言としての理想ではなく、本当に「平和を維持し、専制と隷従、圧迫と偏狭を地上から永遠に除去し」たいなら、それを妨げる要因を正確に見極め、現実に摘み取らねばならない。

「なんなら、今も紛争を続けている地域にでも行って、みんなで逃げ回れば紛争はなくなります、と説いて回ればいい」。この長谷川の科白は、「なんなら、中国や韓国にでも行って、日本国憲法の前文を皆さんが受け入れてくれれば領土問題はなくなります、と説いて回ればいい」と言い換え可能であろう。そう言われても、慶子と共に、戦後平和主義者たちは唇を噛むほかはない。

そんなものは理想主義でも何でもないからだ。誰も本気で憲法前文を、慶子的な不戦論を、実現しようなどと考えていない。もし本気ならば、世界で命を張り、この理想の現実化を図るべきだろう。平和な日本国内で「平和」を叫ぶ人はいくらでも見るが、日本に牙をむく相手に対してこの論理を本気でぶつけて現実化しようとした人を、私は見たことがない。彼らは理想を愛しているのではない。空疎なきれいごとに胡坐《あぐら》をかいて、威張り腐っているだけだ。

長谷川が物を見るこうした視座こそが、原作『永遠の0《ゼロ》』で百田尚樹自身が立っている場所なのである。

「帝国海軍の恥さらし」という宮部の自己認識

長谷川が、宮部を許せないとした理由も明晰で、反論の余地はない。

「わしが宮部を臆病者と言うのは、奴が飛行機乗りだったからだ。奴が赤紙で召集された兵隊なら、命が惜しいと言ったところで何も言わん。だが奴は志願兵だった。自ら軍人になりたいと望んでなった航空兵だ。それゆえわしは奴が許せん」（『永遠の0《ゼロ》』）

この科白も映画では落ちている。

宮部は志願兵であり、戦う人たることを進んで願い出た。戦争とは何か。命のやり取りだ。軍人を選ぶとは死を選ぶことだ。したがって、宮部が普通の意味で命を惜しむ臆病者だとしたら、弁解の余地のないただの臆病者でしかない。到底小説の主人公たり得ない。したがって、この長谷川の科白は、宮部が、一見臆病に思えても、実はそうではないというストーリー展開を予測させる重要な伏線だ。

つまり、単なる臆病者でないとしたら、軍人・宮部久蔵とは何者なのかという問いが、ここに生じるのである。映画では、妻子の顔が見たいがために、戦場で命を惜しんでいるという話に単純化され、しかもそれが無条件に素晴らしいことになっている。が、原作『永遠の0《ゼロ》』は、実は、作者によって「死にたくない宮部」が、最初から相対化されている。宮部の相対化を重ねて、むしろ、戦争忌避的な軍人だった宮部の実像が深められ、それによって戦争の実相もまた立体的に浮かび上がる。ここが映画とは根本的に違う。

原作では、宮部の一見臆病に思える戦争観と戦争の現実との葛藤こそが主題なのだ。この葛藤は思想的な葛藤である。だから言葉を通じてしか表現できない。山崎監督が原作をどれほど見事に映像美に置き換えようとも、日本の表現社会が、いまだGHQ以来のプレスコードに強く拘束され、表現の自由が奪われている限り、原作が雄弁に語る思想的葛藤はどうしても表せない。

「なぜ、死にたくないのだ」

私の質問に、宮部は静かに答えました。

「私には妻がいます。妻のために死にたくないのです。自分にとって、命は何よりも大事です」

私は一瞬、言葉を失いました。その時の気持ちは、実に気色の悪いものでした。盗人《ぬすっと》に「なぜ盗んだのか」と問うて「欲しかったから」と答えられたような気持ちでした。

「誰だって命は大事だ。それに、誰にも家族はいる。俺には妻はいないが——父も母もいるんだ」

それでも死にたくないとは言わん、という言葉はすんでのところで呑《の》み込みました。

宮部は苦笑しながら「私は帝国海軍の恥さらしですね」と言いました。
私は「そうだな」と言いました。

（『永遠の0《ゼロ》』）

これが原作『永遠の0《ゼロ》』の宮部である。宮部の自己認識である。自分と戦争という現実との乖離《かいり》への罪の意識が、宮部にははっきりある。逆に、この言葉を聞いた側の違和感も正確に表現されている。妻子のために命が惜しいと言うのなら、それは全員そうだ。そもそも志願兵が、戦場に来て、一体今さら何を言うのか？

そして、この「恥さらし」という意識が、彼自身を苛《さいな》み続けたから、宮部は最後に、自らの良心に従い、特攻に志願せざるを得なくなるのである。

「あの頃、私たち搭乗員は非日常の世界を生きていました。そこはすでに条理の世界ではありませんでした。死と隣り合わせの世界というか生の中に死が半分混じり合った世界で生きていたのです。死を怖れる感覚では生きていけない世界なのです。それなのに宮部は死を怖れていたのです。彼は戦争の中にあって日常の世界を生きていたのです。なぜそんな感覚を持つことが出来たのでしょう」

（『永遠の0《ゼロ》』）

その答えは、映画での宮部の発狂の場面であろう。岡田准一が比類ない見事さで、晴朗で知的な青年の虚脱状態を演じていた。非日常の世界に感覚を合わせないで戦場を生き続けることは発狂を招くのみで、生産的なものを生みようがないのだ。

次章で見ることになるが、戦場での兵士・軍人たちの手記は、死と隣り合わせの中で平常心を養い、死を受け入れる心を練る日々を多く伝えている。戦友の死に自らの死を重ね合わせ、覚悟を深めてゆく彼らの心境は、おそらく、その場に身を置けば極めて自然なものだった。その覚悟に努めて背きながら戦場で生き続けた宮部――エンターテインメントの形を取りながら、この宮部像は非常にラディカルな思考実験の産物だと言えよう。

映画で描かれなかった「敵を殺す宮部」

そうした中、原作にあって、映画からは消えている宮部像で最も重要なのは、敵を殺す宮部である。

突然、上空の前の雲の隙間《すきま》から敵機が襲いかかってきました。それはまったくの奇襲でした。我々は左に急旋回しましたが、隊の一番後方に位置していた私の小隊は旋回が遅れました。敵の一番機が私を狙って、喰いついてきます。私はちょうど敵に背中を見せる恰好になりました。「やられる！」と私は思いました。

その時、私を狙っていた敵戦闘機が突然火を吐いて吹き飛びました。私の機にもその破片が当たりました。次の瞬間、私の目の前を一機の零戦がすごいスピードですり抜けました。二番機の宮部機でした。宮部機は更にもう一機を撃墜すると、旋回して逃れようとする敵機の背後に鋭い旋回で回り込み、一連射でもう一機を撃ち墜としました。この間、僅か数秒の出来事でした。

何という凄腕！　何という早業！

私は鳥肌が立ちました。さっきまで私の横を飛んでいたと思っていた宮部機が、いつ敵を攻撃出来る位置に移動していたかまったくわかりませんでした。（『永遠の0《ゼロ》』）

映画『永遠の0《ゼロ》』には、この殺す宮部が出てこない。だが、戦争は敵があってするものだ。敵を殺すという戦争の最も基本的な姿を隠すと、命を惜しむ宮部の葛藤も見えなくなる。岡田の演じる宮部は美しい。しかし、その美しさは敵を殺す軍人であってなおかつ美しい、という美しさではない。無論、単に気品ある好青年などではない。岡田の演じる宮部はたしかに凛々しい軍人だ。だがそれは克己の美しさであり、自制の美しさであり、戦闘機を巧みに操る孤独なパイロットの美しさだった。滅びゆくものの美なのだ。なるほど嘘ではない。結局宮部は特攻に志願し、その死を静かに受け入れるのだから。

だが、原作『永遠の0《ゼロ》』の宮部は、一方で、軍人としての生々しいあり方や思想を吐露してもいる。例えば、宮部は、敵戦闘機を撃墜した後、落下傘で飛行機から脱出したアメリカ兵を撃ったことがある。日本の武士道は無防備の相手は殺傷しない。日本軍は落ち武者を追撃しない。それが美学だ。ところが、宮部は、自らは命を惜しみながら、敵に対しては、無防備な相手でも殺す。この宮部の行為に嫌悪を覚えた部下が、彼に詰問した。答えはこうだ。


「数日前、なぜ落下傘を撃ったのですか？」

小隊長は私の目をまっすぐに見て言った。

「搭乗員を殺すためだ」

私は正直に言うと、小隊長に「後悔している」という言葉を聞きたかったのです。ところが小隊長の口から出た言葉はまったく予期しないものでした。

「自分たちがしていることは戦争だ。戦争は敵を殺すことだ」

「はい」

「米国の工業力はすごい。戦闘機なんかすぐに作る。我々が殺さないといけないのは搭乗員だ」

「はあ、しかし――」

その時、小隊長は大声で怒鳴りました。

「俺は自分が人殺しだと思ってる！」

私は思わず「はいっ」と答えていました。

「米軍の戦闘機乗りたちも人殺しだと思ってる。中攻が一機墜ちれば、七人の日本人が死ぬ。しかし中攻が艦船を爆撃すれば、もっと多くの米軍人が死ぬ。米軍の搭乗員はそれを防ぐために中攻の搭乗員を殺す」

「はい」

こんなに激しい口調で怒鳴る小隊長は見たことがありませんでした。

「俺の敵は航空機だが、本当の敵は搭乗員だと思っている。出来れば空戦ではなく、地上銃撃で殺したい！」

「はい」

「あの搭乗員の腕前は確かなものだった。我々の帰路をあらかじめ予想し、雲の中にじっと隠れていた。それから、反転してきた時、一発の銃弾が俺の操縦席の風防を突き抜けた。一尺ずれていたら、俺の胴体を貫通していた――恐ろしい腕だった。もしかしたら何機も日本機を墜としていた奴かもしれない。勝てたのは運が良かったからだ。あの男を生かして帰せば、後に何人かの日本人を殺すことになる。そして――その一人は俺かもしれない」

（『永遠の0《ゼロ》』）

これが軍人・宮部の思想だ。そして、宮部に限らず、軍人が戦場で考える常識であろう。最初に紹介した長谷川がこの言葉を吐いても全く不自然ではあるまい。戦争は敵を殺すことであり、「俺は自分が人殺しだと思ってる！」、これが認識の基本だ。その上で、宮部は、日米の国力を比較する。圧倒的な工業力を持つアメリカと戦うには、航空機をいくら撃墜しても駄目だ。搭乗員を殺さねばどこまでも話は詰まないと見た。合理的である。武士の情で、撃墜後は追撃しないなどというのは、自分の美学にこだわり、戦争の現実から目を背ける空想に過ぎない。原作の宮部は、「妻子のために命を惜しむ」という思いを胸に抱きながら、最大限合理的な軍事行動をする軍人なのである。

「生き延びる努力」の真意

こうした合理主義者としての殺す宮部であって、初めて、次のような科白が生きる。

「死ぬのはいつでも出来る。生きるために努力をするべきだ」

「どうせ、自分たちは生き残ることは出来ません。もしわたくしが被弾したなら、潔く自爆させてください」

その瞬間、私は宮部小隊長に胸ぐらを掴まれました。

「井崎！」

小隊長は言いました。

「馬鹿なことを言うな。命は一つしかない」

その剣幕に私は言葉を返すことが出来ませんでした。

「貴様には家族がいないのか。貴様が死ぬことで悲しむ人間がいないのか。それとも貴様は天涯孤独の身の上か」

小隊長の目は怒りに燃えていました。

「答えろ、井崎！」

「田舎に父と母がいます」

「それだけか！」

「弟がいます」

そう答えた時、不意に五歳の弟、太一の顔が脳裏に浮かびました。

「家族は貴様が死んで悲しんでくれないのか！」

「いいえ」

その時、太一の泣きじゃくる顔が見えました。私の目に悔し涙ではない涙が溢《あふ》れてきました。

「それなら死ぬな。どんなに苦しくても生き延びる努力をしろ」

小隊長は私の服から手を離すと、兵舎の方に歩いて行きました。

後にも先にも宮部小隊長に怒鳴られたのはこれだけでした。しかしこの時の小隊長の言葉は私の心のずっと奥に深く沈みました。


（『永遠の0《ゼロ》』）

読者はもうご賢察だろうが、映画『永遠の0《ゼロ》』には、この科白はほぼそのまま残った。だが、ここまでに原作から拾ってきた軍人宮部の科白を一切抜きに、この部分だけを残せば、宮部が単に命を惜しむだけに見えてしまうのは避け難い。

宮部が「死ぬのはいつでも出来る」と断じた上で、「生き延びる努力をしろ」と言っている点が重要なのである。「死ぬのはいつでも出来る」という軍人としての覚悟は、原作の宮部にとってはあくまでも前提なのである。このダイナミズムこそ、軍人の思想であり、原作の宮部の言葉はいつもそこに立脚しているからこそ強いのだ。実際の戦争は、本来命を惜しむ人間という生物が、命への配慮をかなぐり捨てて、戦いに従事する無数の兵士の死に支えられている。

宮部はそのような軍人の勇気は持ち合わせている。持ち合わせた上で葛藤している。いや葛藤すべきだと言っている。

つまり、原作の宮部は単に「生き延びる努力」だけをしていたのではなかったのである。彼は、日米戦争の現実に立脚した合理的な戦局観を持っていた。戦争の現実を知るリアリストだった。死ぬ覚悟はできていた。抜群の飛行・戦闘能力があり、必要なときには敵殺戮に容赦しない殺す宮部でもあった。その上で、「生き延びる努力」をむしろ、あえて自らに課した。

宮部の「生き延びる努力」は、妻子との約束を果たすという個人的モチーフであると同時に、「生き延びる」ことで、できる限り多くの敵を殺すためのものでもある。死を急ぐ軍人は国益を損なう。日本の国力が損耗すれば、それだけ、自分の死の確率も上がる。だから軍人は皆「生き延びる努力」をすべきなのである。たしかにこれは、無条件に国に命を捧げるという生き方ではない。が、妻子のために命を大切にする生き方が、ここで国益と一致するのである。

たしかに日本の武士道、日本軍の伝統的な精神ではない。アメリカ的なプラグマティズムに近い。だが、国力が総合的に高ければ、決死や必死の戦闘集団でなくとも、戦争には勝てる。この考えは、武士道を基底に据えたとしても、戦争思想として正道だ。日本の軍隊は世界一精強だった。断然の強さだったと言っていい。にもかかわらず、総合的な国力が劣ったために、結局、大惨敗を喫したのである。宮部の合理主義は、総合的な国力としての軍事力を見据え、その中で軍人がなすべきことは何かを思考する。

が、そのような合理主義者の宮部が、最後になって特攻に志願し、自ら死を選ぶ。それはなぜだったのか。

宮部はなぜ特攻を志願したのか

「今日、俺の目の前で、六機の中攻が全機墜とされた。俺は何も出来なかった」

宮部少尉はそう言うと、叫びました。その声は聞いているこちらに震えが来るほどの恐ろしい叫びでした。

「今日の桜花の搭乗員に、筑波での教え子がいた。出撃前に、彼は俺の顔を見て、宮部教官が援護して下さるなら安心ですと言った。しかし俺の目の前で、彼を乗せた一式陸攻は火を吐いて墜ちていった。中攻の搭乗員たちは俺に敬礼しながら墜ちていった」

宮部少尉は私を睨みつけるように言いました。

「一機も守れなかった」宮部さんは悲痛な声で言いました。「ただの一機も守れなかった!」

「仕方がないと思います」

「仕方ないだと!」

宮部少尉は怒鳴りました。

「何人死んだと思ってる！　直掩機は特攻機を守るのが役目だ。たとえ自分が墜とされてもだ。しかし俺は彼らを見殺しにした」

宮部少尉は膝《ひざ》を抱え、頭を垂れました。その肩は小さく震えていました。

私はかける言葉を失いました。宮部少尉の中に自分を責める心と暗い絶望があるのを感じました。

「俺の命は彼らの犠牲の上にある」

「お言葉ですが、それは違うと思います」

「違わない。彼らが死ぬことで、俺は生き延びている」

（『永遠の0《ゼロ》』）

激戦の中にいる兵士は、戦場で生き残っている限り、絶えずどこかで「俺の命は彼らの犠牲の上にある」という感覚抜きにはいられない。だからこそ兵士たちは、「明日は俺が真っ先に散ってみせよう」と肚を決め、心のバランスを日々調整する。その緊張の中で、彼らは勇猛さと諦念と冷静沈着さを少しずつ身につけてゆく。

こういうことなのかもしれない。宮部とは、いわば小説一冊分をかけて、こうした兵士の日常の心境へと読者を導くための、傀儡《かいらい》なのだ。最初から軍人精神そのものを生きている主人公では、現代の読者には取りつく島がない。宮部は、葛藤する。葛藤を丁寧に重ね、行きつ戻りつする。読者は読みすすめるうちに、その宮部の葛藤に自らを重ね合わせ始める。こうして読書が終わりに近づくにつれ、読者は自ら、宮部の死の決断を、自然に受け入れられるに至る。

つまり、この小説は二重箱のような構造になっているのだ、大きな箱で、大東亜戦争の簡潔な戦史を描きながら、小さな箱で宮部の葛藤を通じて、軍人として死ぬという生き方に読者を導くという。こうして外側で進む戦局の厳しさと、宮部の中での生から死への転換とが重なり、戦争の物語が、現代人に理解可能なリアリティを獲得するのである。

「何人死んだと思ってる！　直掩機は特攻機を守るのが役目だ。たとえ自分が墜とされてもだ。しかし俺は彼らを見殺しにした」

（『永遠の0《ゼロ》』）

だが、宮部が特攻機を守り抜けたとしたら、その先どうなるのか。敵艦に激突して即死するのである。要するに、宮部が守り切れずに、敵に撃墜されるか、宮部が守り切り、敵艦に激突して死ぬか、どちらかだ。

だから、宮部のこの激しい絶望は、若者の死そのものへの痛みではもはやない。「命を大切にしろ」と言った宮部はここにはいない。「お前も人殺しになれ」と言う宮部がいる。英雄の死の代わりに、彼らを次々と、単なる自爆死させた悔いが宮部を異様に苦しめている。このとき、宮部の中の合理主義は、若者に軍人としての死を死なせ、自らもそうした死を選ぶという死の論理に、無意識裡に転換しているのである。

もはや、宮部に葛藤はない。特攻志願が決意される。若者の死の上にこれ以上生を貪ることはできないからだ。こうして、死は彼の生にとってどうしても必要な倫理的な責務になる。

宮部は黙って飛び立つ。その死の意味は作品全体の重みから読者が察するほかはない。そして、宮部の死の意味を自らの読みを通じて発見し、プレスコードの自主規制下にありながら、見事な表現にまで昇華したのが、映画『永遠の0《ゼロ》』の宮部出撃の場面だったのである。それは、長大な小説全編をかけて宮部の死を丁寧に準備してきた百田尚樹への、映画監督山崎貴の、最大のオマージュだったのだ。

初めて誕生した「大東亜戦争」が主人公の小説

章の頭で引用した百田の言葉を再び借りれば、「明治維新よりもはるかに重大な意味をもつ「歴史的事件」」である大東亜戦争を主題とした文学――それもエンターテインメントとして充分秀逸な文学が、今まで一作も書かれてこなかった。この小説を右翼エンタメなどと揶揄《やゆ》する向きもあるようだが、そんな揶揄で誤魔化す暇があるなら、そもそもどうして、これほど身近な日本史上最大の事件が、文学の対象にならずに来たかを少しは考えるべきだろう。

もちろん、戦後文学史をひもとけば、純文学畑から提出された戦争文学はある。大岡昇平の『野火』、井伏鱒二の『黒い雨』、曽野綾子の『生贄の島』、阿川弘之『雲の墓標』などの一連の傑作群がそれだ。だが、その流れも平成になり、途絶えている。

一方、かつて歴史小説界の最大の存在だった吉川英治は、終戦後最初の大作を『新・平家物語』で始めた。言うまでもなく大東亜戦争敗戦の寓意である。だが、昭和三十七年に亡くなった吉川は、大東亜戦争そのものを扱った大河小説を書くことはなかった。その後の歴史小説のチャンピオンは言うまでもなく司馬遼太郎である。だが、司馬は大東亜戦争での兵役経験があまりにも悲惨で、この戦争を徹頭徹尾嫌い抜いた。どんな優れた作家も個人的に深刻な経験から自由であることはできない。司馬の日本は残念ながら日露戦争で終わっている。概して、日本の歴史作家たちは、その後も、主に明治維新までを題材とし、大東亜戦争は扱おうとしない。特に日本人の立場からこれを謳い上げようとする試みは、ほとんど見られなかった。これはGHQのプレスコードの毒が、日本人の骨の髄まで浸透している典型的な事例にほかなるまい。

そこに登場したのが『永遠の0《ゼロ》』だった。

あって当然と思われるのに、全く存在していなかった大東亜戦争を題材にした戦争小説——現代日本の読者が、そうした男の世界、戦いの世界への強い関心や渇きを失っていたのではない。出版界と作者らの自己検閲と偏見が、そうした世界を読書人から隠してきただけだったのだ。『永遠の0《ゼロ》』の空前の売れ行きが、そのことを示している。

零戦乗り、特攻隊員たちの物語――百田がエンターテインメントに切り開いたこの新生面に敬意を表しつつ、我々は、最後に、特攻作戦と特攻隊員の現実の姿に、できる限り近づいてみよう。

そのとき、映画『永遠の0《ゼロ》』への私の違和感と強い感動の分裂から辿り始めた、あの戦争をめぐる知的冒険の円環は、静かな真実によって閉じられるだろう。

第五章　特別攻撃隊とは何だったのか

世界の戦史に例を見ない戦術

特攻隊とは何だったのか。

重過ぎる問いである。

世界の戦史に全く例を見ない。

パイロットが飛行機ごと、あるいは魚雷ごと突っ込み敵艦を爆破する。それを兵士の個人的な意志ではなく、作戦として行う。作戦に従い、数多くの若者が、敵艦に体当たりして、死んだ。戦争の末期、日本が不利な戦局に追い込まれ、太平洋の島々で玉砕を繰り返しては後退を余儀なくされてきた中で考案された作戦である。

戦争は敵に損害を与えるためにする。味方の損害をできるだけ軽減し、敵を多く屠《ほふ》る。これが鉄則だ。

特攻は十死零生である。この言葉は「九死に一生を得る」という成句に由来する。言うまでもなく、ほとんど助からぬ命を助かることを言う。日本の軍人精神は、この九死一生で鍛えられ、戦場でもそのギリギリの敢闘精神が尊ばれた。

だが、その九死一生さえ断念して、突撃すればそのまま百パーセント死ぬのが特攻だ。即ち十死零生である。これから戦場に出向くに当たり、一の生の可能性があるかないか。それは人間心理においてあまりにも違うことだろう。九死に一生さえない困難な戦いでも、強烈な生存本能に支えられてこそ、人は必殺の信念で敵と対峙できるのだ。それを、一番肝心の生存本能を殺し、出陣前に死ぬと決まったまま、しかも敵を斃すための冷静な判断力とあらん限りの勇気を全身心に漲らせ突撃する。極めて無理な心理を兵士に強要するものだと言わざるを得ない。戦術としても、こちらは百パーセント死ぬが、敵に損害を与えられる保証はない。戦争の原則を無視しているという批判は、当時も今も根強い。

狂気の沙汰だという意見も頷ける。

特攻機のパイロットが他の者を殺すために自分も死ぬつもりでいることを知ったことは、彼らの攻撃が一時やんだ時でさえ、アメリカ軍の将兵を怯えさせた。それはまた、この戦いに参加していた多くのアメリカ軍将兵が、そのような行動を「不可解」であり、「非人間的」であると感じていただけに、いっそう凄味を感じさせたのである。アメリカ軍の海軍将兵は、自分自身を粉々に粉砕してしまう日本人がある宗教の狂信的な信者であるか、あるいは、たんに酒に酔うか麻薬でも使ったあげくこのような行動をとっているのではないかと思った。彼らは、人間ならば自ら進んでこのような狂気の沙汰としか思えない行動をとるとは考えられず、おそらく精巧なロボットが操縦しているのであろうと信じていた。

（北影雄幸『外国人が見たカミカゼ』）

こんな二十歳の青年が存在した社会があったか

しかし、無数の特攻隊員の若者が死の直前に残している手紙、日記ら遺文は、このような特攻理解が完全に見当外れであり、狂気、狂信、麻薬での心神喪失などと全く正反対であった実像を伝えている。

［鈴木邦彦少尉　昭和二十年五月二十八日特攻出撃戦死　陸士五七期　第四五振武隊　二十歳］

吹く風に聞け大アジア
　寄る波に見よ太平洋
嗚呼《ああ》我等が行く手雲暗く
　鵬翼《ほうよく》いよゝ勇むなり

まさに皇国興亡の秋《とき》なり。幾多先輩同期生は殉国の血しぶきを上げて散華せり。
時維《ときこれ》昭和二十年二月八日、大命を拝して特攻隊の一員に選ばる。武人の光栄之より大なるはなく、武運に恵まれたる我が身を喜ぶのみ。

唯々任務の完遂に努めん哉《かな》。

悲憤果なき南海に後を我等に託して先づ散華せし久木元よ梅原よ願はくは予を導け。

(知覧高女なでしこ会編『群青』)


特攻の一員に選抜されたとき、二十歳だった鈴木少尉はこう書き記す。軍歌「航空百日祭」から引く雄大な詩情に始まり、語られているのは静かな武人の覚悟だが、この文体の定型的な威厳は現代人には違和感があるかもしれない。だが、これは鈴木邦彦の少尉としての顔である。彼は続いて、つい最近まで隊ぐるみで世話になった茨城県原町の人々に別れの手紙を書く。


士官学校を卒業した許《ばか》りの何も世間を知らない私及私共同期生を異郷のさみしさから忘れさせ、家庭的雰囲気に親身の御世話を為し下され、激しい飛行訓練の精神的疲労を忘れさせ、常に愉快にそして卒業後は温かい思ひ出、清らかな人情を胸にしつつ空の第一線に御送り下さいました御恩、何といつて感謝したらよいのか分りません。

既に多くの原町の同期生が悠久の大義に殉じて居ります。彼等もあの世で屹度《きっと》原町時代を思ひ出し懐かしがつてゐるに違ひありません。

私も此のたびは大命を拝し、武人至高の栄に必死必殺の挙に出でます。之こそ生前受けました大恩の報いられる道だと信じます。私は斯のやうな御恩返しが出来て幸福です。
私の人生二十年の間、第二の故郷としての原町以て墳墓の地とも致し度く微髪を留めました。

志きしまの白浜削る仇なみを
　千々に砕かん磯の荒岩
戦捷《せんしょう》の道は遠けれど必ず到り得べしと信じます。皆様何卒御健闘下さい。

（『群青』）

何と平静で明朗な、心遣いの柔らかい遺書だろうか。「清らかな人情」などという美しい表現で礼を言う心配りを、この二十歳の青年はどこで身につけたのか。そして今、日本人の誰がたとい六十歳になっても、このような心遣いの一筆を書けるであろう。しかもこれは遺書なのだ。

弟妹達へ
斯かる兄のありしを憶えて呉れれば以て足れども心あらば白木の位牌に一掬《すくい》の水を汲め。
この兄に続かんと欲せば先づ体位第一と心せよ。
親の為常は惜しみて事あらば
　君故捨てむ命なりけり　　佐久良東雄

健康に御留意あれ。

虫にさされない躰を期せよ。

此所に至り漸く没我の境に入るを得たり。　以上

（『群青』）


それぞれの相手に向けて語られたこの冷静な温情——古今東西、どこに出しても、こんな二十歳の青年がかつて存在した社会があったろうか。

このような遺文が何千、何万と残されている。

これは語のあらゆる意味で狂気ではない。

人類社会に潜む大量虐殺と残虐さへの衝動

特攻の非人道性や狂気——。
それを言うならば、戦争がそもそも狂気なのである。殺し合わねば解決がつかぬほど重大な問題が人間社会にそうあるものではない。我々はそれぞれのっぴきならない自己という重荷を負って生きている。日々戦い、日々傷つき、日々迷いながら生きている。だが、よほど困難な人生でも、抑え難い殺意を辛うじてこらえながら生きている人間など、そういるものではあるまい。個人個人の抱える苦痛や困難は山のように大きくとも、殺意に火がつくことは滅多にな

い。

つまり個々人の殺意は微弱なのに、戦争という現象が起こる。そして、そこでは個人的な動機のない殺戮が繰り広げられる。

人類史におけるこの殺意の解放が、戦争という形を取ろうと取るまいと、いかに恐るべき殺戮に至るか、それは36ページに歴史上の大量虐殺ランキングで列記した通りである。人間の集団的な狂気は、通常、逆上と底なしの残虐さとして出現し、殺人への完全な無感覚に向かって育ってゆくものらしい。

ソ連兵の日本婦人への暴行は、すさまじいの一語に尽きる。それが十二、三歳の少女であろうと、七十歳近い老婆であろうと、そして、人前でも白昼でも、また雪の上であろうとも、そういうことは全く頓着しなかった。樺太の場合同様、女性たちは丸坊主になり顔に墨をぬり男装して難を逃れようとしたが、彼らは一人一人胸をさわって女であることを確かめると引き立てていった。

（若槻泰雄『戦後引揚げの記録　新版』）

昭和二十年八月二十日頃であったろうと思う。鞍山から新京守備のために北上したので新京の街は北も南もよく解らないが、たしか終戦の日から数えて四、五日たっていたと思われる頃の出来事だった。……

そんな日病院の玄関で大声で騒ぐ声にびっくりして、私は板でくくりつけた足を引きずりながら玄関に出て見て驚いた。十二、三の少女から二十ぐらいの娘が十名程タンカに乗せられて運ばれていた。それは、まともに上から見ることの出来る姿ではなかった。その全員が裸で、また恥毛もそろわない幼い子供の恥部は紫に爛れ上がって、その原型はなかった。大腿部は血がいっぱいについている。顔をゆがめつつ声を出しているようだがききとれない。次の女性はモンペだけをはぎとられて下の部分は前者と同じだが、下腹部を刺されて腸が切り口から血と一緒にはみ出していた。次の少女は乳房を切られて、片眼を開けたままであったから死んでいるのかもしれない。次もその次も、ほとんど同じ姿である。一週間私はこの病院にいて毎日毎日この光景を見て、その無残、残酷さに敗戦のみじめさを知った。

（文藝春秋編「ソ連軍による日本人婦女子の残虐なる強姦」『されど、我が「満洲」』）

支那駐屯歩兵第2連隊小隊長として7月30日、連隊主力と共に救援に赴《おもむ》いた桜井文雄証人によれば、守備隊の東門を出ると、ほとんど数間間隔に居留民男女の惨殺死体が横たわっており、一同悲憤の極みに達した。

「日本人はいないか？」と連呼しながら各戸毎に調査していくと、鼻に牛の如く針金を通された子供や、片腕を切られた老婆、腹部を銃剣で刺された妊婦等の死体がそこここの埃箱《ごみばこ》の中や壕《ごう》の中から続々出てきた。

ある飲食店では一家ことごとく首と両手を切断され惨殺されていた。婦人という婦人は14、5歳以上はことごとく強姦されており、全く見るに忍びなかった。

旭軒では7、8名の女は全部裸体にされ強姦刺殺されており、陰部に箒《ほうき》を押し込んである者、口中に土砂をつめてある者、腹を縦に断ち割ってある者など、見るに耐えなかった。

東門近くの池には、首を縄で縛り、両手を合わせてそれに8番鉄線を貫き通し、一家6人数珠つなぎにして引き回された形跡歴然たる死体があった。池の水は血で赤く染まっていたのを目撃した。

（文藝春秋編「通州の日本人大虐殺」『「文藝春秋」にみる昭和史 第一巻』）

昭和十七年（一九四二）八月十七日の早朝、カールソン中佐率いる海兵隊は、西太平洋のギルバート諸島のマキン島にある日本軍前哨陣地を攻撃し、守備隊を全滅させた。

ルーズベルト大統領の息子で海兵隊大尉のジェームズ・ルーズベルトも加わっていたカールソン襲撃隊は、戦死した日本兵の死体を切り刻み、男根と睾丸とを日本兵の口中に詰め込んだ。

（ジョーゼフ・ハリントン『ヤンキー・サムライ』）

底知れぬ残虐さというこの狂気は、動物にはないものだ。肉食獣は、食う必要があるときだけ、草食動物を食い殺す。ライオンは、腹が満ちていれば、すぐ側で草をはむシマウマを食い殺しはしない。必要なとき、必要な分だけ殺す。それが動物の本能が備える節度だ。

人類社会がしばしば罹患《りかん》する大量殺戮やそれに必ずのように伴う性的な残虐さという狂気は、それとは全く違う。残虐さそのものが欲され、残虐さそのものに没入する。本能の解放ではあるまい。ホモサピエンスが人間になるために、本能を狂わせてきた結果、我々は本能という自然なバランス機能を失ってしまった。その代わりを、社会を通じての他者の目や神の目、そして自らの理性が代行する。だが、時に他者や神や理性の塩が全く効かない状況が来る。

ジークムント・フロイトに、『人はなぜ戦争をするのか』というアインシュタインに宛てた書簡がある。その中で、フロイトは、人間には死の衝動があり、それが外に向かう衝動と、近代化によって自殺へと内向的に働く衝動とに分かれるが、どちらが危険かは断定できないとした。外に働く死の衝動の端的な表れが戦争である。したがって、戦争は人間の本質の一部であり、人間の意識構造上なくなることはない、だから、この戦争への衝動を過度に抑圧するのはよいことではない。一方で、人間は平和を求めて止まない、この二律背反をどうするか——フロイトは結論を出していない。

この、フロイトの仮定した死への衝動は、人間がホモサピエンスを離脱するときに発生した、動物としての極めて大きな自傷の結果なのかもしれない。もしそうならば、それが外に向かったとき、大量虐殺と残虐さへの限りない衝動を伴うのは、生物的に負った人間の傷に起因する根の深い狂気なのではあるまいか。

人間的狂気の最も対極にあった作戦

特攻は、有為の若者に死を要求する。それも国として組織的にである。また、若者は自ら志願して、命を敵艦にぶつけ、自爆する。ある瞬間、身を捨ててでも敵にぶつかるという勇気は古今東西にあるが、作戦としてこれを国が採用するとなれば、無論、正道とは言えない。禁じ手だ。

だが、これはいかなる意味でも狂気ではない。

人類の集団狂気は、先に述べたように忘我の残虐さと、殺意なき大量殺人として現れる。特攻作戦は、立案者にも志願者にも、静かな理性と諦念と勇気があるだけだった。作戦遂行の過程の全てが、狂的なものから最も遠かった。逆に、微塵《みじん》でも狂的なものを残していては、特攻は作戦として成立し得なかったであろう。

特攻隊員の勇気は比類ないものだった。葛藤がなかったのではない。だが、葛藤の末、それぞれが自分の命に二十歳前後の若さで積極的な意味を見出し、区切りをつけた。葛藤を乗り越えて判断する理性と、断ち切る強い意志、そして突撃する勇猛果敢さが、彼らにはあった。多くの隊員が、自己を捨て切って出撃した。――激しく悟りを希求する禅僧が生涯座っても滅多に得られない心境、死を活路にした究極の生であろう。

また、この作戦をめぐる葛藤は、そうやって死に赴いた者のみならず、これを立案し、命じた者、特攻要員のまま終戦を迎え、生き延びた者それぞれが、それぞれの仕方で背負うことになる。狂気は無論、何らの葛藤も責任も背負わない。

さらに、作戦の全体を通じても、特攻は、無差別な拷問、強姦、殺戮という人間的狂気の、最も対極にあったと言える。

第一に、特攻は敵を絞り込む。非戦闘員への無差別攻撃ではなく、最大の戦果を求めて、叩くべき極点を限定した戦術だった。

第二に、ほとんど戦力を失いながら、終戦工作に入らざるを得なかった戦争末期にあって、最大効果が見込める作戦だった。戦果については後で述べるが、緒戦、六機の零戦によって、アメリカの護衛空母一隻が沈没、三隻を中破、小破した。当時、日本が充分に活用できる飛行機はもはや限られており、増産も見込めなかった。エネルギーの備蓄量は後一年分だった。戦闘能力の高い搭乗員の多くは既に戦死していた。初期に保っていた零戦の圧倒的優位はアメリカの新鋭機によって覆されつつあった。日本機は出撃しても戦果を挙げられないまま潰滅する状況になりつつあった。その中で、特攻出撃以上の効果的な攻撃はもはや考えられなくなっていた。

第三に、その効果を上げるために、事前の研究と実験が短時日のうちに重ねられ、出撃者は、特攻に特化した訓練や作戦方針を立ててから出撃した。彼らは任務遂行の自覚を持って出撃したので、闇雲に死にに出たのではない。それはたしかに生ある者にとって極限的に残酷な理性の行使であった。だが、彼らはそれを完遂した。つまり、特攻は、逆上とは反対の精神で準備されたのである。

日本の戦争のあまりに清潔な美学

日本の軍隊の思想が九死一生だったことは既に述べた。ぎりぎりまでの敢闘精神である。

これは欧米の職業軍人のあり方とは違う。近代欧米の戦争は、ナポレオン戦争まで、王家同士の争いで、国民間の戦争とは言えなかった。この言い方は誇張で、シェイクスピアの一連のイギリス王朝物を読めば、既に十六世紀のイギリスでも、愛国心ははっきり形を取ってはいる。しかし、その後も長期にわたり、王家間の争いの真の同調者が主に貴族階級までだったのは間違いない。傭兵による代理戦争も多かった。

ナポレオン戦争によって、戦争は、革命思想の輸出という理念の戦争となった。そしてまた、国民同士の名誉を賭けた戦いとなる。第一章で述べた戦争のロマン化の近代における歴史はこのとき以来だ。

だが、本質は変わっていない。この戦争を体験したクラウゼヴィッツは『戦争論』で著名な定義、「戦争は政治におけるのとは別の手段をもってする政治の延長だ」を述べた。国民、一般兵士らが夢見るロマン的な戦争と、政治家、軍指導者らの政治としての戦争との二元性が以後の特質となった。特に第二次世界大戦では、政治指導者は、イデオロギーと愛国心によって国民の熱狂を掻き立てた。そうしておきながら、実際には、戦争を政治の延長として冷厳に利用する。国民は熱狂しつつも、同時にどこかで戦争が政治の代行であることを感じ取っている。

日本の戦争観は大きく異なる。戦国時代を除けば、我が国は明治以前にほとんど戦争の経験がなかったことは、既に述べた。そうした中、江戸時代に武士道が成立する。武士の作法が、禅と儒と一体となり、美学となった。禅は不動心の悟りを求め、儒は治者の精神による自己陶冶を本質とする。武士は百姓や職人のように生産もせず、商いのように富も生まない。戦のない太平の世に無用の長物ではないのか。無用の長物にもかかわらず世を治めるとすれば、そうあってよい道理はどこにあるか。

山鹿素行に始まり、山本常朝の『葉隠』に帰結する武士道は、要するに、無用の長物としての武士の倫理を問うて、ついに禅、儒と溶け合った、治者としての存在論、生死一如の美学に達する。

明治になり近代戦争に直面したからと言って、戦争と一緒に、「政治の延長としての戦争」という思想までもが日本に入ってきたわけではない。江戸のあまりにも清潔な美学が、日本の為政者からそうした狡猾さを奪っていた。日本近代の為政者は、自分は冷厳な戦略家に徹し、戦争のロマン化によって国民の戦争熱を掻き立てるような狡《ずる》さを、幸か不幸か持てないのである。

戦前の国民は、天皇の赤子であるとされ、一君万民の思想によって共同体として繋がっていた。天皇は国民を大御宝《おおみたから》と呼んで差別なく大切にする。戦うときは一体で戦うのである。理想化して言えば、戦場に出た国民は、熱狂に駆り立てられ、利用される者ではなく、上は最高司令官から、下は一兵卒に至るまで、自ら葉隠精神を涵養《かんよう》し、治者の精神で戦争に責任を持とうと努めた。

現場も求め、望んでいた作戦

特攻とは、そうした武士道の、大東亜戦争における究極の発露である。上層部で構想された作戦とは言えない。組織立った特攻作戦の前に、個々人の判断で突撃攻撃は行われていた。早くも真珠湾で母艦への帰還が困難と判断して飛行場格納庫に向け突入した例や、ミッドウェー海戦で日本の空母三隻を撃沈した空母「ヨークタウン」に体当たりし、これを大破した例など、戦局が不利になる前でさえ、特攻的な精神は日本の軍人の背骨をなしていた。

……特攻は航空だけではなく水中、水上全部隊で、また陸海軍を問わず澎湃として発生している。戦局の逼迫とともに使命感、祖国愛、同胞愛に燃える戦士達の間に発生するべくして発生したものであると考えている。

この発生は、日本の深い歴史的、社会的背景にかかわるもので、明治維新後の忠君愛国教育に強く影響されたものであり、単に海軍統率の領域に留まるものではない。

（吉本貞昭『世界が語る神風特別攻撃隊』）

戦局が厳しくなる中、むしろ、現場の一部が、特攻を求め、望み始めていたのは事実であろう。

敵は、見渡す限りの海を埋め尽くす船団だ。海の代わりに船団が銀色に輝いているのである。翻って日本軍は、もはや飛べる飛行機が十機、二十機、それもくたびれ切っていつエンジンが止まるか分からないようなボロ飛行機ばかりである。優秀な搭乗員は次々に戦死している。戦争の続行が困難になり始めていることは肌身に感じられる。

愛する家族がいる。将来の夢がある。だからこそ、国を護りたいのである。だが、何ができるか。戦争末期の若者たちが、どれほど居たたまれない思いで、命など捨ててやる、とにかく日本を何とかしなければという激烈な情念を抱いていたことであろう。証言は無数にある。

［佐藤新平少尉　第七九振式隊　昭和二十年四月十六日出撃戦死　二十三歳］

三月二十七日

待望の日は遂に来た。特別攻撃隊の一員として悠久の大義に生く。日本男児として、又、空中戦士として、之に過ぐる喜びは無し。

有難き御世に生れ、そして育てられし広恩、必死、必中、唯これを以て報いんのみ。

＊

思えば大空に志し、翼の生活に入り、早六歳。昨年より特別攻撃隊の熱望三度にして、漸く希望入れらる。神我を見捨て給わず。

＊

六歳に亙り、錬り鍛えし腕に十二分の自信あり。

唯健康に充分注意なし、轟沈の訓練に励まんのみ。

父上、母上様も御喜び下さい。

軍人としての修養は只立派な死場所を得るにあります。最後まで操縦桿を握って死ねる有難い死場所を得る事が出来、新平、幸福感で一杯です。

＊

亡き兄もきっと喜んで呉れる事でしょう。これから轟沈の日まで日誌を続けます。遺書として別に書きません。

死生有命　不足論
男児従容　散大空

（村永薫編『知覧特別攻撃隊』）

佐藤少尉は、この日記を留魂録と名づけ、特攻出撃直前までつけている。留魂録は言うまでもなく吉田松陰の遺言だ。松陰こそは、まさに特攻精神の全生涯を貫き、三十歳で非命に斃れた人である。この日記が、熱望三度と書いているように、特攻の志願者は多く、選に漏れる者の方が多かった。佐藤は「唯健康に充分注意なし、轟沈の訓練に励まんのみ」と書いている。彼は死ぬつもりなのではない。任務を遂行するためにプロとして「健康に充分注意なし」、厳粛な仕事に備えようというのである。

無論、誰もが熱望した訳ではない。あくまで熟達した腕で敵機を撃墜するのが本筋と考えた者もいた。体当たりの効果に疑問を呈し、より意味のある戦法でなければ命を捨てるわけにゆかないと考えた者もいた。死の強要であるかのような作戦を嫌悪した者も当然いた。だが、一方で非常に多くの若者が、命を捨ててかかる決意を平常心のまま抱いた。この集合意志がなければ、いかに軍上層部が、これを作戦化しようとしても、作戦として機能するはずはなかったのである。

どのように敗北するかという深い悩み

一方、陸海軍上層部が正式な作戦としての特攻を検討し始めたのは、昭和十九年の初頭辺りからと見られる。二月、海軍は脱出装置がついていることを絶対条件に人間魚雷の試作を命じた。これは結果としては脱出装置なしの人間魚雷「回天」となって九月に完成、作戦化する。また五月には人間が乗り込んでコントロールしながら敵機にぶつかる人間爆弾「桜花」の研究が開始された。

昭和十九年夏、サイパン失陥により、東京がB29による空爆の射程に入る前後から特攻の作戦化は急速に進む。サイパン陥落は大東亜戦争の完全な破綻を意味し、戦争遂行の責任者だった東条内閣の退陣を招いた。だが、東条が引いたからといって戦局が打開できるわけでも、終戦工作へと政治と外交が機能するわけでもない。今振り返っても、ポスト東条時代の政治・外交の停滞は目を覆うばかりである。

負けの中に底知れず吸収されていってしまうような、なし崩しの大敗だけは絶対に避けねばならない。昭和十九年の秋になれば、敗色はもはや濃厚だったが、敗北の仕方をどうするかは重苦しい悩みだった。敗戦後の日本がどう扱われるかは想像がつかなかったからだ。前年暮れにメディアに公表されたルーズベルト、チャーチルに蔣介石を加えてのカイロ宣言では、日本の無条件降伏と満州、朝鮮を始めとする領土の失効が要求されている。枢軸国側では、既にイタリアがクーデターで崩壊している。

無条件降伏とはどこまで失うことになるのか。我が国もなし崩しの敗北により、国民の精神に混乱と緩みが生じ、内乱やクーデターが起こらないと言えるのか。今から見れば、昭和天皇の御聖断の下、混乱なく終戦を迎え、占領軍も洗脳政策を軸として、表面的には紳士的な占領に落着した。だが、この時点では敗戦日本がどのような処遇を受けるかは想像しようがない。終戦工作に入るとすれば、逆にその前にどんな無茶をしてでも戦果を挙げるべきだった。

昭和十九年十月、ついに作戦発動

そのような状況の中、海軍の大西瀧治郎中将が、積極的に動いた。

大西中将が昭和十九年十月、第一線部隊指揮官として東京を出発する直前、軍令部をおとずれたことがあった。このとき、総長官邸にて、及川古志郎総長、伊藤整一次長および第一部長の私、この四者がひざをまじえて今後の作戦にかんして、率直に意見をのべ合ったさい、同中将は、彼我の航空戦力の現状、とくに、わが航空搭乗員の術力についてくわしく語ったあと、

「最近の敵は電波兵器を活用し、空中待機の戦闘機と策応して、わが攻撃飛行機隊を遠距離で捕捉、阻止することがきわめて困難になった。いたずらに犠牲が大きく、敵に有効な攻撃をくわえられない状況である。

このさい、第一線将士の殉国犠牲的至誠にうったえて、必死必殺の体当たり攻撃を敢行するより良策はない。これが大義に徹するところと考えるので、本件につき、大本営の諒解をもとめたい」

と申し出られた。同席のものは、だれ一人として言葉を発するものなく、沈思黙考がつづいたが、しばらくして、及川総長がおもむろに口を開いて、

「大西中将、あなたの申し出に対し、大本営としては、この戦局に処し、涙をのんでこれを承認いたします。しかし、その実行にあたっては、あくまで、本人の自由意志にもとづいてやって下さい、決して命令はして下さるな」

と念をおされた。

（「丸」編集部編『特攻の記録「十死零生」非情の作戦』）

あたかもそれに呼応するように、マニラ航空基地の有馬正文少将は、「十月十五日、敵機動部隊が比島東方海上に来攻するや、自らの肩章をもぎとり、双眼鏡に記してあった「司令官」の文字をはぎ取って攻撃機に飛び乗り、指揮官先頭で驀進し、敵艦に体当たりして壮烈な戦死を」遂げた。こうして、新司令官である大西と現地の高位武官だった有馬の偶然重なった特攻への強烈な意志が、若者らの熱意と強く混淆《こんこう》しつつ、特攻は作戦化されることになる。

昭和十九年十月十八日、フィリピンを死守するための捷《しょう》一号作戦が発動され、大西は、二十日、第一航空艦隊司令長官に着任と同時に、神風特別攻撃隊編制を命じた。天候不良のため、二十一日、二十三日は作戦を遂行できなかったが、二十五日、関行男大尉を隊長とする敷島隊が護衛空母「セント・ロー」を撃沈し、特攻第一号となった。

以来、約十カ月の間に、陸海軍合わせ約四千四百名が特攻により戦死を遂げる。特攻作戦に従事した人々を全て加えると、この数字は約一万四千名にも上る。

大西中将はなぜ特攻に固執したのか

大西があえて特攻に固執した真意は何だったのか。これについて、『修羅の翼』の著者、角田和男が大西直属の参謀長小田原俊彦少将から直接に聞いた話として以下を伝えている。長くなるが、非常に重要だと考えるので、あえて全文を引く。

皆も知っているかも知れないが、大西長官はここへ来る前は軍需省の要職におられ、日本の戦力については誰よりも一番良く知っておられる。各部長よりの報告は全部聞かれ、大臣へは必要なことだけを報告しているので、実情は大臣よりも各局長よりも一番詳しく分かっている訳である。その長官が、「もう戦争は続けるべきではない」とおっしゃる。「一日も早く講和を結ばなければならぬ。マリアナを失った今日、敵はすでにサイパン、成都にいつでも内地を爆撃して帰れる大型爆撃機を配している。残念ながら、現在の日本の戦力ではこれを阻止することができない。それに、もう重油、ガソリンが、あと半年分しか残っていない。

軍需工場の地下建設も進めているが、実は飛行場を作る材料のアルミニウムもあと半年分しかないのだ。工場はできても、材料がなくては生産は停止しなければならぬ。燃料も、せっかく造った大型空母信濃を油槽船に改造してスマトラより運ぶ計画を立てているが、とても間に合わぬ。半年後には、かりに敵が関東平野に上陸してきても、工場も飛行機も戦車も軍艦も動けなくなる。

そうなってからでは遅い。動ける今のうちに講和しなければ大変なことになる。しかし、ガダルカナル以来、押され通しで、まだ一度も敵の反抗を喰い止めたことがない。このまま講和したのでは、いかにも情けない。一度でも良いから敵をこのレイテから追い落とし、それを機会に講和に入りたい。

敵を追い落とすことができれば、七分三分の講和ができるだろう。七、三とは敵を七分味方に三分である。具体的には満州事変の昔に返ることである。勝ってこの条件なのだ。残念ながら日本はここまで追いつめられているのだ。

万一敵を本土に迎えるようなことになった場合、アメリカは敵に回して恐ろしい国である。歴史に見るインデアンやハワイ民族のように、指揮系統は寸断され、闘魂のある者は次々各個撃破され、残る者は女子供と、意気地の無い男だけとなり、日本民族の再興の機会は永久に失われてしまうだろう。そのためにも特攻を行なってでもフィリッピンを最後の戦場にしなければならない。

このことは、大西一人の判断で考えだしたことではない。東京を出発するに際し、海軍大臣と高松宮様に状況を説明申し上げ、私の真意に対し内諾を得たものと考えている。

宮様と大臣とが賛成された以上、これは海軍の総意とみて宜しいだろう。ただし、今、東京で講和のことなど口に出そうものなら、たちまち憲兵に捕まり、あるいは国賊として暗殺されてしまうだろう。死ぬことは恐れぬが、戦争の後始末は早くつけなければならぬ。宮様といえども講和の進言などされたことが分かったなら、命の保証はできかねない状態なのである。もし、そのようなことになれば陸海軍の抗争を起こし、強敵を前にして内乱ともなりかねない。

極めて難しい問題であるが、これは天皇陛下御自ら決められるべきことなのである。宮様や大臣や総長の進言によるものであってはならぬ」とおっしゃるのだ。

では、果たしてこの特攻によって、レイテより敵を追い落とすことができるであろうか。これはまだ長官は誰にも言わない。同僚の福留長官にも、一航艦の幕僚にも話していない。しかし、「特攻を出すには、参謀長に反対されては、いかに私でもこれはできない。他の幕僚の反対は押さえることができるが、私の参謀長に反対されては、いかに私でもこれはできない。他の幕僚の反対は押さえることができるが、私の参謀長だけは私の真意を理解して賛成してもらいたい。他言は絶対に無用である」

として、私にだけ話されたことであるが、私は長官ほど意志が強くない。自分の教え子が（略）妻子まで捨てて特攻をかけてくれようとしているのに、黙り続けることはできない。長官の真意を話そう。長官は、特攻によるレイテ防衛について、

「これは、九分九厘成功の見込みはない。これが成功すると思うほど大西は馬鹿ではない。ではなぜ見込みのないのにこのような強行をするのか、ここに信じてよいことが二つある。

一つは万世一系仁慈をもって国を統治され給う天皇陛下は、このことを聞かれたならば、

必ず戦争を止めろ、と仰せられるであろうこと。

二つはその結果が仮に、いかなる形の講和になろうとも、日本民族が将に亡びんとする時に当たって、身をもってこれを防いだ若者たちがいた、という事実と、これをお聞きになって陛下御自らの御仁心によって戦さを止めさせられたという歴史の残る限り、五百年後、千年後の世に、必ずや日本民族は再興するであろう、ということである。

陛下が御自らのご意志によって戦争を止めろと仰せられたならば、いかなる陸軍でも、青年将校でも、随わざるを得まい。日本民族を救う道がほかにあるであろうか。戦況は明日にでも講和をしたいところまで来ているのである。

しかし、このことが万一外に洩れて、将兵の士気に影響をあたえてはならぬ。さらに敵に知られてはなお大事である。講和の時期を逃がしてしまう。敵に対しては飽くまで最後の一兵まで戦う気魄を見せておらねばならぬ。敵を欺くには、まず味方よりせよ、という諺がある。

大西は、後世史家のいかなる批判を受けようとも、鬼となって前線に戦う。講和のこと、陛下の大御心を動かし奉ることは、宮様と大臣とで工作されるであろう。天皇陛下が御自らのご意志によって戦争を止めろと仰せられた時、私はそれまで上、陛下を欺き奉り、下、将兵を偽り続けた罪に謝し、日本民族の将来を信じて必ず特攻隊員たちの後を追うであろう。

もし、参謀長にほかに国を救う道があるならば、俺は参謀長の言うことを聞こう、なければ俺に賛成してもらいたい」

とおっしゃった。

（角田和男『修羅の翼』）

これが実際の大西の真意だったかどうか、角田以外に証言はないが、私はこの証言は信頼に値すると見る（神立尚紀『特攻の真意』の中の、大西の副官門司親徳による詳細な考証が妥当と思われるので、興味ある方は是非そちらに直接当たられたい）。

五百年後、千年後の民族再興の灯として

大西の真意を要約すれば次のようになるであろう。

日本には、もはや戦争遂行能力はないが、終戦工作は極めて困難であり、下手をすれば内乱により亡国に拍車がかかる。

インディアンやハワイの運命を思うと、無為のままアメリカの本土上陸を許して占領されれば、おそるべき奴隷化政策になる可能性がある。

終戦工作のために、最後に一戦でも勝ちたい。それには特攻しかない。が、それでも九十九パーセント勝てない。

だが、勝てずとも、必死必中の特攻作戦は、若者の国を思う至情によって陛下の御心を動かし終戦の御聖断が必ず下るであろう。

その民族的記憶が、五百年後、千年後の、民族再興の灯となるはずだ。——

実際、大西は、特攻の必要を大本営に説伏し、有無を言わせず作戦を発動し、断乎として特攻作戦を継続し続けた。

その上、戦争末期、軍令部次長として本国に戻ると、終戦前日まで、本土決戦を主張する。二千万人が特攻精神によって人柱となり、本土で敵を迎え撃つ覚悟があれば勝てるとして、高松宮を始め、上官や要職にある人々の間を説得して歩き、徹底抗戦論で粘った。戦争末期の大西は狂信的な徹底抗戦論者として、要路の人皆から忌避されるほど激しかった。

そして陛下の終戦の御聖断を聴いた大西は号泣してこれを受け入れ、玉音放送の翌早朝切腹する。

だが、残された遺書は、——後で全文をご紹介するが——直前まで死にもの狂いで徹底抗戦を説いていた人間としては考えられないものなのである。冷静沈着そのもの、判断も実に的確で、戦後をしっかりと見据えている。一言で言って、この遺書は、角田が証言する「大西の真意」に極めてよく符合する。内容が符合するだけではない。遺書の文体は考え抜かれた思想の最後の姿と言いたいほど静かで深い。では、徹底抗戦論は、味方を欺く演技だったか。それも違うだろう。この二つの両極のみが日本を生かす。中間に道はない、大西はそう考えたのではなかったか。この極大の振り幅こそが、おそらく戦いながら大西が深く心で温めてきた思想だったのである。

終戦工作の不在を若者の死で購った理不尽

たしかに、結果として大西の真意通りに歴史は動いた。驚くべき慧眼だ。また、五百年、千年という単位で日本民族の興亡を捉え、四千四百人もの若者の死の作戦を決断した冷厳な意志力はあまりにも厳粛である。だが、何と言っても、政治指導者たちによる、命を張っての強力な終戦工作が不在だったことを、数千人の人品衆に抜く若者の十死零生で購《あがな》った理不尽さと悲しさは、どんな理屈でも覆せまい。

例えば、特攻を是とする角田に食ってかかった次の浜田徳夫少尉の言い分はどこまでも正論であり、特攻という作戦の痛々しく脆弱な根拠を突く。

われわれは勝つと信ずればこそ、いままで一生懸命戦ってきたんだ。負けるとわかったなら潔く降伏すべきだ。そうして開戦の責任者は全員、腹を切って責任をとるべきだ。こんなことをしていれば講和の時期は延びるばかりで、犠牲はますます多くなる。貴様のような馬鹿がいるから搭乗員も志願するようになるのだ。

（神立尚紀『特攻の真意』）

その浜田少尉は、特攻ではなく、後に沖縄での航空戦で戦死する。戦後の日本を指導すべき有為の人材が、こうして日一日と失われていった。

たしかに、腹は切るべきだったのである。終戦に際して腹を切った指導者の少なさは、戦後の日本の恥の始まりであった。だが、腹を切っても戦争は止まない。戦争は止むかもしれないが、日本はどこまで国家の尊厳を失うか、それが見えないうちは戦争をやめてはならない。それもまた確かなことだ。

大西の副官で、極めて理知的な人物だった門司親徳でさえ、最初の特攻が成功したときの心境をこう述懐する。

私はバンバン川の身近に見た彼らの姿を思い出し、その身を捨てた行為が心のなかに溢れてきて、言葉にならない言葉が頭をぐるぐる回るようでした。

しばらく経って、長官はまた独り言のように、

「これでどうにかなる」

と言った。これも、これで作戦が成功する、という意味なのか、あるいはもっと深い意味

があったのか、いま思えば非常に意味深長に思えますが、そのときは深く考えることもできませんでした。

私はこのとき、叩きつけられて四散した彼らの肉体と精神は別のもののような気がして、感動こそすれ、悲惨な感じは受けませんでした。日本が勝つために、みんながこの気になれば、負ける事はないのではないか、そんな気持ちが胸の底に湧いてきました。（『特攻の真意』）

実際には圧倒的な戦果を挙げていた

では特攻の戦果はどうだったか。

アメリカ側は当初特攻の戦果をほとんど、皆無に等しいと主張した。米海軍太平洋艦隊司令長官ニミッツ提督の談話では「日本のカミカゼ特攻は完全にその使命に失敗した」と言い、また高速空母機動部隊の指揮官ミッチャー中将は「体当たり攻撃は一パーセントしか効果的でなかった」と公表した。特攻攻撃がアメリカ海兵隊の兵士たちに与えた衝撃と恐怖があまりに大きかったために、極度に過小評価して事態を鎮静しようとしたのである。

この当初のアメリカ側の発表が基調となり、特攻の命中率が低かったという印象が今日まで大変根強いのは残念なことだ。特攻を犬死だと言い、作戦の無謀を強調し、若者が不幸にも死を強制され、何と気の毒だったかという手の話があまりにも広く流布している。戦後日本の反戦思想のために、特攻が格好の標的になったと言うべきだろう。

実際には特攻の戦果は顕著だった。日本側は、戦果を報告する直掩機を充分に編制できず、不完全な記録しか残っていない。そのため特攻の戦果はアメリカ側の記録に大方依存せざるを得ず、厳密な数字には史料間でずれがあるが、大筋は変わらない。圧倒的な戦果と言えた。

特攻は主として昭和十九年十月からのフィリピン方面作戦、翌年二月からの台湾・硫黄島作戦、四月からの沖縄決戦の三方面の作戦に分かれるが、アメリカ海軍が戦後公式に発表した『第二次大戦米国海軍作戦年誌』（出版協同社）によると、この全作戦合わせての、十カ月間の特攻の戦果は、沈没三十二隻（護衛空母三、駆逐艦十四、小艦艇およびその他十五）、損傷二百七十八隻（正規空母十六、軽空母三、護衛空母十七、戦艦十四、重巡六、軽巡八、駆逐艦百四十三、小艦艇およびその他七十一）であった。

最初のフィリピン作戦よりも戦果が大幅に減ったとされる沖縄作戦でさえ、イギリスなどを除く米海軍だけで艦艇二十四隻撃沈、百七十四隻撃破、戦死者四千九百七十七名、負傷者四千八百二十四名に上った。特攻機の突入成功率についてはフィリピンで二十六・八パーセント、沖縄作戦で十四・七パーセントであったという。

その後の史料研究によってこの数字は上がり続けている。米海軍機密文書によると、命中率はさらに高かったという説もある（原勝洋『写真が語る「特攻」伝説』）。原勝洋によると、秘密解除された米海軍機密文書「Observed Suicide Attacks by Japanese Aircraft Against Allied Ships」をワシントンで閲覧したところ、一九四四年十月から翌年三月まで五カ月間の沖縄戦以前の記録は、体当たり攻撃三百五十六回、特攻命中百四十機で命中率三十九パーセント、敵艦至近での自爆によって被害を与えた特攻機五十九機で至近自爆機被害率十七パーセントとなり、合計特攻効果率五十六パーセントという驚異的な数字を記載している。艦至近に来る手前で撃墜された特攻機は勘定に入っていないとはいえ、公式記録よりも高い数字が、機密文書に記載されている事実は看過できない。

もっとも、命中率について、単純計算はできない。多数の飛行機が途中で撃墜されて、敵艦に到達しなかったのは事実である。とりわけフィリピン特攻の恐怖を味わったアメリカは、沖縄では異常なほどの物量作戦で特攻対策を打った。空母一隻から特攻機に向けて発射される銃砲弾は一分間に十万発という信じ難いものだったという。海を覆うアメリカ艦隊全部から打ち出された銃砲弾がどれほどのものだったかは想像すら不可能だ。

昼間は全艦隊が多連装対空火砲で非常にたくさんの弾を打ち上げるので、何百万発という弾丸の爆片で昼なお暗いありさまだった。夜間、敵機の攻撃を受けた際には、集中される対空火力によってあたりが薄明状態になり、信じ難いほどだった。海上はほとんど、曳光弾の光と艦砲の発射時の閃光でいっぱいだった。あまりにもすさまじい火力だったので、それは見た者でないと信じられないだろう。
（『外国人が見たカミカゼ』）

特攻隊の若者はその何百万発の弾丸の中を、ボロ飛行機を単身駆って突入していったのである。想像を絶する。多くの機が蜂の巣のようになるまで敵弾を身に受けてこそ、十パーセントから二十パーセントという驚異的な数の飛行機が敵艦まで到達できたと考えざるを得ない。特攻の成果は敵艦に突撃できた機を個体で勘定すべきでない。文字通り総力戦で全体としての成果を勝ち得たと言うべきだ。

特攻がなければ本土は蹂躙されていた

戦果が戦局全体に与えた影響も、おそらく非常に大きい。

特攻隊の捨身の敢闘精神があまりにも凄まじく、アメリカ側の戦闘員は大きな精神的衝撃を受け、戦争ノイローゼを多発した。この問題はアメリカ軍にとっては重大だった。第二次世界大戦によって、ヨーロッパと日本が荒廃する一方、この頃のアメリカは黄金の二十年代をも上回る軍需景気の最中だった。消費は数年で倍増した。

戦時中の（略）西海岸の町の十五歳の少女は平常次のようなものを食べていた。朝食に、卵二個、絞りたてのオレンジジュース、果物、トースト、昼食に、サンドウィッチ二個、あるいは肉、果物、クッキー、夕食に、肉、サラダ、二種類の調理した野菜、ほかに牛乳コップ五、六杯、就寝前にビタミン剤、カルシウム、肝油を飲むための水コップ二杯。これでもこの少女はダイエット中だった。

（有賀夏紀『アメリカの20世紀（上）』）

アメリカ兵には、本国に戻れば、現代のニューヨークや東京と変わらぬ享楽と繁栄の生活が待っていたのである。太平洋の無限に続く海や孤絶した密林で血みどろの死闘を繰り広げるまでもない。日本の敗戦は決まっている。それにもかかわらず日本兵はどうしても降伏しようとしない。

「生きて虜囚の辱めを受けず」――これはアメリカ兵の側から見れば、死ぬ気の人間に体当たりされることだ。自分が犠牲にならずともアメリカの勝利は決まっており、日本がさっさと敗北してくれれば、華やかな青春が待っている。日本の死にもの狂いの抵抗はアメリカ兵にとってこそ無駄死の恐怖と悪夢以外の何物でもなかったろう。

それに輪をかけたのが特攻である。搭乗している船が狙われれば逃げ場がない。船は短時間に逃げ隠れできない。船から充分な距離のうちに撃墜し切らねば、炎上しながらでも爆弾を抱えた飛行機が丸ごと船に突っ込んでくる。情け容赦ない恐怖である。アメリカ兵の間にあまりにも心理的動揺が広がれば、戦争遂行は厳しくなったであろう。事実沖縄戦からの撤退さえ検討されていたのである。日本の限界が先に来るかアメリカ兵の心の限界が先に来るかは、アメリカ軍指導部にとっては深刻な問題だった。

さらに、戦争の帰趨《きすう》にも特攻は大きな影響を与えたと見なければならない。普通の国が相手の普通の戦争であれば、アメリカはガダルカナルを制圧した段階で、太平洋の制空制海権を得たと見てよかったはずである。ところが戦いは、日本に近づくにつれて熾烈になり続けた。アメリカの船団と兵員に絶えず甚大な被害が出続けた。日本軍は、最末期の硫黄島、沖縄に至ってさえ、ボロボロのまま長時間持ちこたえた。アメリカは、陸上戦で死闘を繰り広げ、空からの特攻の脅威を頭上に絶えず抱えて前進せねばならなかった。

この特攻の脅威あってこそ、太平洋におけるアメリカの制海権は最後まで完全な自由を持てなかったのである。もし特攻がなければ、アメリカは大船団を引き連れて日本近海まで自由に到達し、作戦の拠点としただろう。そこから本土を蹂躙《じゅうりん》する自由をアメリカは手にしたことであろう。そして現在我々が知る以上に空爆を重ね、満を持して日本本土に上陸したであろう。

こうして戦争末期は、リンチのようなワンサイドゲームになったであろう。

有色人種である日本人が、一方的なリンチで敗北したら、敗戦処理はどうなっていただろうか。国家主権そのものが半永久的に剝奪され、世界は植民地から解放されたのに、肝心の日本は奴隷の国に落ちぶれなかったと言えるか。

アメリカにとって、ここまで物量の力で押しながら、最後まで、莫大な犠牲と恐怖を伴う戦争だったこと——これが第三章に紹介したGHQの占領政策での精神的武装解除に繫がり、我が国が今に至るまでその呪縛から自由になれていないことは、既に書いた。しかし、もし今述べたようなリンチによる戦争終結だったとしたら、精神的武装解除どころではなかったかもしれない。本物の奴隷の平和が待っていたのではないか。そして奴隷の平和の中で東西冷戦に引き裂かれ、日本は米ソの代理戦争により根こそぎ荒廃してしまったのではないか。

隊員たちの真情を知る難しさ

特攻について語るのはあまりにも難しい。

どこまでもその重荷と戦いながら、書いている。

私は、常日頃、語り得ること以外は書かないという節度を重んじてきた。特攻ほど語り得ないこと、語ってはならないこと、語る資格が自分にないことはほかにない。だが、今、こうして自らの不文律を破ってあえて書き続けている。……

特攻隊員の真実を知るには主に二つの道しかない。本人の残した遺文か、最後の日々を共にした人々の証言である。

証言をどう判断するかは難しい。

特攻には、立案者と司令した側、それに対して搭乗員として実際に戦死した側、そして生き残った元特攻隊員がいる。司令する側は、特攻への強い後ろめたさと自己正当化への欲求を抑え難い。死なずに生き残った特攻隊員らにも、生き残った事実への後ろめたさがある。死ぬ肚を本当に決めていた生き残りと、特攻作戦に反感を抱いて生き残った人の差も大きい。証言は、彼らそれぞれの特攻への立ち位置に応じて、色彩を変える。

司令した側は、特攻隊員の潔さを賛美する傾向にある。実際上官の前で泣き言を言う部下はいないのだから、彼らが嘘をついている訳ではない。だが、これが生き残りの隊員の強い反感を呼ぶ。生き残った隊員たちの証言は、特攻作戦や指導部に辛辣になる傾向が強い。死んでいった隊員の心境がいかに辛いものだったか、無念だったかが強調されがちになる。その上、直属の上司や戦友の人間性や相性により、生き残った人たちの証言も極端に揺れる。どんな組織でもそうだが、軍隊は自分の命を預ける組織である以上、部隊の個性や戦場の悲惨さなどによる印象の個人差が極大化するのは致し方ない。

「遺書は本音ではない」と言うことの心なさ

遺書についてはどうだろう。素直に読めないとする人がいる。軍には検閲があり、それを恐れて本心を隠したというのである。心ない話だと思う。検閲と目前の死とどちらに心が集中していたか考えるまでもあるまい。明日、あるいは数時間後に死ぬ人間が、愛する家族に遺書を残し、また最後の日々を日記につけているのである。それらは定型的な軍人の覚悟を語りつつ、万感が行間から溢れ、美しい生の最後の豊かさを示している。また、当局の方針に反する内容の遺書も存在する。そもそも検閲を恐れる怯懦《きようだ》な人間が、特攻出撃そのものに耐えられるはずがないではないか。

いや、それらが、いわゆる「本音」であるかどうかは、実は問題ではないのである。「喜んで死んでゆきます」と書いた二十一歳の若者が、ピクニックやデートに出かけるような意味で「喜んで」いるはずがない。言葉の意味も、末期《まつご》の覚悟の中での生の深さも、我々の日常とは全く違う。その言葉は、どんな定型的だろうと、平凡に見えようと、彼らの「あの瞬間だけに成立していた真実」を伝えているのだ。

想像してみてほしい、国の危機のために敵艦にぶつかる特攻死を選んだ二十歳の自分を。死の前夜、あなたは遺書をしたためる。家族や友人、恋人への感謝と愛と国への報恩の覚悟をしたため、立派な死を誓い、決して悲しんでくれるなと言い残すであろう。だが、遺書を書き終えた後、かえって、人生への愛惜は増すに違いない。母のぬくもり、父の厳しさ――どれほど懐かしんでも、彼らの肉声を聞くことはもはや二度とない。親元でのあの日常は、もはや永遠に味わえないのである。

そして、恋人。……片恋のまま、恋の成就の喜びを知らず、ただ思いを持つだけで死んでゆく人生だった。彼女の面影はあまりにも純粋で清い。思うだけで切ない。本当の思いを告げることもないままこうして旅立ってゆく。……湧いて止まらぬ思いに、布団を頭から被り、身が裂けるほど号泣するであろう。今まで一度も呼んだことのない切なさで母や恋人を呼び、絶息するほど歯噛みするであろう。泣き切って心が鎮まり、決意はようやく定まるであろう。

翌朝、日が昇れば、全てを忘れる。共に死ぬ戦友を見ると、胸一杯の友情と高揚感に満たされる。心は、操縦と敵艦撃沈へと静かに集中し始める。死にに行くのではない。戦果を挙げに行くのである。高度な技術と冷静な判断を要する緻密な仕事にこれから従事するのだ。戦友に別れを告げる。共に死ぬ同志とは靖国で会う固い約束を交わす。後は、戦いの強い緊張と静かな気迫に満ちるであろう。

あなたは夜、号泣した自分の姿を家族や恋人に知ってほしいか。それが私の人間味で、真実の姿だと語り継いでほしいと思うか。情は抑え難い。人であれば当然である。だがそんな自分を家族に語り伝えてほしいか。生き残っていれば、愚痴も出よう。だが、今まさに死ぬのである。遺影が愚痴であり、号泣であってほしいとあなたは思うであろうか。

遺書に書いた通りの、立派な男児としていつまでも記憶してほしいのではあるまいか。最高の笑顔で飛行機に乗り込む勇姿を、生き残った戦友には語り伝えてほしいのではあるまいか。死者をして自ら葬らしめよ、これこそが、極限の死を死んだ特攻隊員たちへの礼節ではないのか。

「空からお別れすることができることは、何よりの幸福」

［安達卓也　東京帝大法学部政治学科　昭和二十年四月二十八日、南西諸島方面にて特攻戦死　二十三歳］

昭和十八年十月十二日（日記）

我々は「死」に到ったとき、大きな苦悩を味わうにちがいない。それは「死」が恐ろしいからではなく、いかに死ぬかが我々の心に常に迫り、あらゆる価値判断を迫られるからだ。故にその苦悩は、我々の必然である。ただ天皇陛下万歳を唱えて一種の悲壮感に酔って死んだ人は、美しいとはいえ、我々のとり得ない態度だ。我々は常に「死」そのものを見つめつつ、しかも常にいかに死ぬるかの苦痛を担いつつ死んで行くのだ。「なんだ、これが死か」

という感情を、死の瞬間にも持つ冷静さだ。

しかし、この苦悩があればこそ、我々には我々の死に方ができる。それは断じて敵に対する逡巡ではなく、最も勇敢なる「死」であらねばならない。

昭和十九年一月九日（大竹海兵団にて）

戦はますます苛烈である。死闘は毎日の如く繰返される。国民の生活はますます深刻になり、悲惨になる。果して戦は是か？　真の平和は、かくも悲惨なる殺戮の彼方に求めらるべきか？

歴史の現実を見つめるとき、いかなる戦争もそれぞれイデオロギーの争闘であり、世界観の戦であった。しかしその結果として、齎されたものは！　理想主義的世界は単なる夢幻と化して、後には戦前の現実に戦の悲惨を加えたものに過ぎなかった。あのフランス革命の痛烈なる理想も、自由への憧憬も、ナポレオンの独裁にすべてを失ったではないか。

一月十五日

父に逢った。母に逢った。手を握り、眼を見つめ、三人の心は一つの世界に溶け込んだ。

（略）

母は私の手を取って、凍傷をさすって下さった。私は入団以来初めて、この世界に安らかに憩い、生れたままの心になって、そのあたたかさを懐かしんだ。

私はこの美しい父母の心、暖い愛あるがゆえに、君のために殉ずることができる。死すとも、この心の世界に眠ることができるからだ。わずかに口にした母の心づくしは、私の生涯で最高の美味だった。涙とともにのみ込んだ心のこもった寿司の一片は、母の愛を口うつしに伝えてくれた。

「母上、私のために作って下さったこの愛の結晶を、たとえ充分いただかなくとも、それ以上の心の糧を得ることができました。父上の沈黙の言葉は、私の心にしっかりと刻みつけられています。これで私は、父母とともに戦うことができます。死すとも、心の安住する世界を持つことが出来ます」

私は、心からそう叫び続けた。戦の場、それはこの美しい感情の場だ。死はこの美しい愛の世界への復帰を意味するがゆえに、私は死を恐れる必要はない。ただ義務の完遂へ邁進するのみだ。

十月十一日

凡太郎はジイドに泣く心を忘れた。だが彼はソクラテスを愛する。

彼は恋愛の美しさに泣けない。だが愛の崇高さに身を捧げる。

昭和二十年二月二十四日（大井航空隊にて）

英霊を送る。——戦闘機のパイロットの遺骨を。白布に包まれた清い美しい遺骨に、搭乗員の帰結を見つめる。それは一つの人生の結論であり、必死の生涯の結実なのだ。空飛ぶ男の瞬間的な生から死への飛躍は、その結論を夢のように美しい感情の幻に包んで、直立不動の戦友の列に投げつけつつ魂の世界に旅立って行く。はかない、やるせない——そんな繊細な言葉を人生の翳から払拭して、一挙に、荒々しい結論を、奮然と投げつけて、彼、搭乗員は人生を終えた。

私は、彼の魂に頭を垂れ、私の貧しい結論を、いつかは来るべき結論を、戦いの蠢きの彼方に見つめる。

空征かば雲染むかばね　潔く散らなむ

今日も冬の空は、くっきりと澄んでいる。

四月十一日

特攻隊編制。出撃の栄を担う。

四月十二日
父上、母上、卓也は明四月十三日特攻隊の一員たる栄を稟け出撃致します。
元気旺盛、闘志に燃えております。
御厚情を感謝し、御幸福を祈ります。
お身体を大切に、卓也は常にお側にあります。
桜咲く日に……。
妹に
立派な母になって下さい。
小生に代って孝養を頼みます。

四月十三日
四月十三日、故郷の空、香住の空を通過した編隊は、小生の配乗するものです。空からお別れすることができることは、何よりの幸福です。

（海軍飛行予備学生第十四期会編『あゝ同期の桜』）

「凡太郎の日記」と題されている。当時青年のバイブルだった阿部次郎の『三太郎の日記』を模してのことだろう。もちろん、二十歳で死の覚悟を本当に定めねばならなくなった若き教養人の文体は、大正教養主義の甘い書である『三太郎の日記』とは較べられぬ厳粛さに満ちている。死の覚悟を練り続ける日々だった。「戦の場、それはこの美しい感情の場だ」と父母の愛ゆえに天皇のために死ねるのだとする自得の一語はやるせない。が、次々に散華する英霊の遺骨を見つめながら、そうしたやるせなさを払拭し、間もなく自分にも訪れる戦死という「荒々しい結論」を彼は引き受ける。その日は二カ月後に来た。言葉少なな遺言は万言に優る。「空からお別れすることができることは、何よりの幸福」との文言は、両親に、庭先から、生涯何度空を仰がせたであろうか。「卓也は常にお側にあります」という言葉はどれほど深い実感で両親の晩年を支えることになったであろう。

「死にに行く事すら忘れてしまひさうだ」

［枝幹二少尉　早稲田大学　昭和二十年六月六日特攻出撃戦死　二十二歳］

遺書

作戦命令下る。

身不肖なるも隊長代理を命ぜられ重任両肩にかゝる。願はくば大業見事完成出来得んことを。

万世飛行場に明朝出発。（実際は知覧へ）
あはたゞしい中に最後と思ってペンを取る。
書く事が一杯ある様で何を書いていいのやら、園部隊長不時着して同行出来ず。
こゝあし屋の町は〝海を渡る祭礼〟の港町と同一なり。ふくやかになつかしき思あり。
思ひはめぐる三千里、あれこれと昔のことが偲ばれる。
女々しきにあらず楽しき過去の追憶なり。
半田のこと
名古屋のこと
東京のこと
富山のこと
父上様　母上様
色々と有難うございました。
別に云ふ事もありません。
唯有難くうれしくあります。

最後の時まで決して御恩は忘れません。

月なみな事しか出て来ません。

姉妹の皆さんいよいよ本当にお別れ。

今でも例のごとくギヤアギャアと皆とさわいでゐます。哲学的な死生感も今の小生には書物の内容でしかありません。

国のため死ぬよろこびを痛切に感じてゐます。

在世中お世話になつた方々を一人一人思ひ出します。

時間がありません。

たゞ心から有難うございました。

笑つてこれから床に入ります。

オヤスミ
昭和二十年六月三日夜

＊

あんまり緑が美しい
今日これから
死にに行く事すら

忘れてしまひさうだ。
真青な空
ぽかんと浮ぶ白い雲
六月の知覧は
もうセミの声がして
夏を思はせる。
　作戦命令を待つてゐる間に　6・5

*

小鳥の声がたのしさう
〝俺もこんどは
小鳥になるよ〟
日のあたる草の上に
ねころんで
杉本がこんなことを云つてゐる
　笑はせるな　6・5

*

本日十三、三五分いよいよ知ランを離脱する。
なつかしの祖国よさらば。
使ひなれた万年筆を〝かたみ〟に送ります。
（『群青』）

こんな無垢な詩以上の詩がかつてこの世にあったか。枝が詩の言葉の豊かさに特別に恵まれていたのではあるまい。「女々しきにあらず楽しき過去の追憶なり。／半田のこと／名古屋のこと／東京のこと／富山のこと」。地名の一つ一つが、ここでは詩なのである、まるで万葉集の地名がそうであったように。死を受け入れて純化された若さが、彼の生の全ての瞬間を詩にする。

「あんまり緑が美しい／今日これから／死にに行く事すら／忘れてしまひさうだ。」。緑は本当に美しかったのであろう。この死にゆく青年の目に、まるで時が止まってしまったかのように。

……

これ以上ないほど命を生き切っている

［本島桂一少尉　豊島師範　昭和二十年四月十六日特攻出撃戦死　二十二歳］

遺書

御両親様

桂一長イ間種々御世話ニ成リ厚ク御礼申上ケマス　何一ツ孝ヲナスコトアタハス申訳アリマセン

忠孝一本トカ申シマス　御稜威《りょうい》ノ本多任務ニ邁進致シマス　小官ノ心境何ヲ申上ケルコトモアリマセン　又遺言タル言葉ヲ持チマセン　人生五〇年トカ申シマスカ　其ノ人生半ニシテ　御稜威ノ本ニヨロコンテ死ンテ行ク者コソ幸福者テアリマス

＊

男ニ生ヲ受ケテ始メテ現在ノ任務ヲ戴ク事カ出来　今基地ヲ出撃スル気持　ヨロコビ此ノ上モアリマセン

今ハ出動命令ヲ待ツノテアリマス

テハ元気テ任務ニツキマス

御両親様クレグレモオ体御留意ナサレマスヤウ切ニオ祈リ申上ケマス

皇国日本ノ前途ニ光明カ見エテヰマス

我レ行カン沖縄島

（『群青』）

だが、本島少尉は遺書を書いた翌日には突撃できなかった。爆弾の装着が悪く、出撃を諦めざるを得なかったのだ。

四月十二日
桜花をしつかり握り一生懸命馳けつけた時は出発線へ行つてしまひ、すでに滑走しやうとしてゐる所だ。遠いため走つて行けぬのが残念だつた。本島機が遅れて目の前を出発線へと行く。と隊長機が飛び立つ。つづいて岡安、柳生、持木機、九七戦は翼を左右に振りながら、どの機もどの機もにつこり笑つた操縦者がちらつと見える。(略)

特攻機が全部出て行つていまふとぼんやりたたずみ南の空を何時までも見てゐる自分だつた。何時か目には涙が溢れ出てゐた。

何も話す気はせずみんなで帰らうとすると、本島、渡井さん、本島さんは男泣きに泣きながら……「どうしたの」とお聞きすると「今日ね、爆弾が落ちて行かれなかつた。隊長さんの所へ行くと(本島、後からこいよ。俺はあの世で一足先きに行つて待つてをるぞ)と言はれたんだ。思はず残念で隊長機の飛び去つていつた後、一人で思ふ存分泣いた」とのこと。渡井さんも「本当にすみませんでした」と涙ぐんでいらつしやる。私達も今までこらへてゐた涙が一度にこみあげてみんなで泣いた。その夜、隊長さんのお通夜だと言つて酒も飲まれず、今日いらつしやつた堀井さんが冗談をおつしやつても只ぼんやりときいていらつしやるだけだつた。「本島、本島」と部下愛の深かつた隊長さんを思ひ出すと泣けるから黙つてゐてくれとおつしやる。

立派な隊長さんと一緒に体当り出来得ず又第二次総攻撃に参加出来なかつたことが残念だつたことでせう。

（『群青』）

四月十六日
……どんなことがあつても今日は征くと言つていらつしやつた御二人。午前九時半、本島、河村さん無事体当りなさつた頃、南へ向かつて黙たうを捧ぐ。今でも元気な声で「空から轟沈」を唄ふ本島さんの声が聞こえるやうだ。
（『群青』）

当時十五歳、知覧高等女学校で女子勤労奉仕隊員として特攻隊員の最後を世話していた前田笙子の日記である。

本島にとって、「立派な隊長さんと一緒に体当り出来」ないことがどれほど残念かを十五歳の少女がはっきり感じ、共感している。体当りできぬのが無念で、できることが「無事」なのである。そういう特殊な時代もあったとは言うまい。本島の嘆きと喜びの、前田の文体のどこが異常であるか。こんなに自然な、こんなに柔かい心を伝える文章を、エゴと自己主張と利害と人権で刺々《とげとげ》しく頭に血が上った平成日本人の、誰に書けるだろう。文は人なりという古言が本当ならば、本島や前田と、平成日本人の、どちらが正常で、どちらが異常であろうか。

……国のために、真に仲睦まじく、切磋琢磨し、魂で一つに繋がっている戦友と共に戦死すること。敬愛する隊長と一緒に死ぬこと。その身震いするような感激と命の燃焼。どんな恋愛も足元に及ばないほどの生命の一体感。そして靖国で談笑する約束された来世。

本島の、死に遅れる辛さは言葉の綾ではない。そうした一体感からの疎外なのである。だから出し抜かれて遠足に行きそびれた子供のように、本島は泣きじゃくる。

そして「無事」体当たりした空からは、「空から轟沈」の元気な歌声が降るように聞こえてくる、十五歳の少女の無垢な心の耳には、たしかに。本島は今、皆と合流できて意気揚々、愉しくて仕方ないのである。

若死が悲惨で中途で無念な死なのでない。彼らは、これ以上ないほど命を生き切っている。国への愛と強い信念と友情と家族への燃える感謝とに。蛇のように賢《さか》しらな人間が囁く、君らは体制に利用され、天皇制に利用され、軍部に利用され、財閥に利用されているだけだと。だが、無垢な命は何物にも利用されない。なぜなら命そのものが本当の意味で自足し、完全に燃焼し切っているからだ。彼らはそれを知っている。遺書の平常心がそれをたしかに伝えている。

八月十六日未明、大西中将自決

一方、大西瀧治郎中将は、玉音放送の翌八月十六日未明、自らの決断と命令の下で散華した全特攻隊員の後を追い、自決した。児玉誉士夫から贈られていた日本刀での切腹であった。十五日夜、大西が自決するのではないかと心配した軍令部の部下らと夜まで語り合った大西は、零時過ぎに寝室に入る。明け方、階上の次官室の物音を聞いた従兵が中を覗くと、血の海の中にうつ伏せになった大西の姿があった。腹を切った大西は苦しい息の下、児玉誉士夫を呼び出す。

軍刀の切っさきは、心臓部を刺し、さらに一方咽喉もとをえぐり、真一文字に、腹部をも搔き切っていた。駆けつけた軍医は、じぶんを別間によんで、「この傷では、どうにも処置ありません。だが、非常に心臓がお強いから、あと二時間ぐらいはもつでしょう。これだけ切られて、まったく奇跡です」

もとの座にかえると、中将は、じぶんがきたことに気づかれたとみえ、わずかに瞼をひらかれた。

「閣下、わたくしもお供します」

じぶんは、その耳もとで、低くささやいた。

「馬鹿な、何をいう……わかい者は、ここで死んではならん。これからの日本は、いよいよつらい立場におかれて、みんなが、苦しくなるばかりだ。ここ十年、十五年のあいだは、日本はおそらく、奴隷化されるに違いあるまい。しかし、その苦しみに耐え、生き抜いてこそ、希望がもてよう。……」

（児玉誉士夫『悪政・銃声・乱世』）

日本は奴隷化されなかった。大西の決断した特攻の最大の戦果であった。だが「つらい立場におかれて、みんなが、苦しくな」らなかった代わり、精神的に奴隷化された。精神的に奴隷のまま、金持ちになった。この遺言を身をもって聞いたはずの児玉の戦後の身の処し方についても、今あえて問うまい。疲弊した終戦後の日本人の誰にとっても、精神的武装解除は結局、淫《みだ》らな誘惑だったのである。甘い麻薬を骨の髄に徐々に注射され、気づく間もなく己を完全に喪《うしな》ってしまった。それが「戦後日本」なのであった。そして特攻の精神も大西の精神も、偽りに偽りを重ねた繁栄に慣れ過ぎた我々には、残念ながら、どうあがいても、己を重ね合わせるにはあまりにも困難な、遠い昔物語にしか聞こえない。

だが、せめて……。

生前特攻隊員に向かい「諸君だけを死なせはしない。自分も必ず後を追う」と訓示した上官は多かったというが、自決した者は少ない。大西は生前そういう若者に媚びることは一切言わなかったという。西郷隆盛に本当に私淑した、豪の者だった。言い訳せず、若者の顔色など一つも見ずに特攻の命令を下し続けたその人が、死ぬべき時を過《あやま》たず、間髪容れず腹を切った。しかも大西は、駆けつけた者の介錯《かいしゃく》を拒んだ。有為の青年五千人もの死の直接の責任者として、死の苦しみを十数時間味わいながら、微笑を浮かべて絶命した。

大西の遺書は、全特攻隊員の遺文を受けて書かれた熟慮と断念と若者への激しい愛惜の血で書かれた絶唱である。百遍の熟視、味読に値する。

論評せずに全文を引いておこうと思う。本書そのものが、読者がこの遺書を味読するための用意だった、そう言ってもかまわないとさえ思われるからである。

特攻の英霊に曰す
善く戦ひたり深謝す
最後の勝利を信じつゝ肉弾として散華せり
然《しか》れ共《ども》其の信念は遂に達成し得ざるに至れり
吾死を以て旧部下の英霊と其の遺族に謝せんとす
次に一般青壮年に告ぐ
我が死にして軽挙は利敵行為なるを思ひ

聖旨に副ひ奉り自重忍苦するの誡《いましめ》とならば幸なり
隠忍するとも日本人たるの矜持を失ふ勿《なか》れ
諸子は国の宝なり
平時に処し猶ほ克《よ》く特攻精神を堅持し
日本民族の福祉と世界人類の和平の為最善を尽せよ

あとがき

言うべきことは全て書いた。

ただ、私の物の見方について若干の補足はある。

私は、本書で、特定の史観やイデオロギーを主張、宣布しているのではない。結論を出したいのではなく、問いを出している。

一番やめてほしい反応は「右翼による戦争肯定」「特攻賛美」という類のレッテル貼りだ。そんなにレッテルを貼りたいなら、私は逃げも隠れもしない。実際に面談に来て、私の背中にレッテルをシールでべったり貼ってみたまえ。

そんな不毛なことはもうやめようではないか。

それよりも、人類はなぜ戦うのか。戦うことの悲惨と栄光は何か。そして我々はフロイトの言う戦争への衝動を本当に背負っているのか。大東亜戦争を、肯定／否定ではなく、そのまま生きた姿で——政治過程としても、あの戦争を生きた人々のありようとしても——凝視してみようではないか。

そして、戦後の日本——。この外から与えられた平和と、大東亜戦争との信じ難いギャップを、我々はどう考えるべきなのか。

大東亜戦争を戦った七十年前の日本民族は、特攻隊員を筆頭に、我々にどういう問いを突きつけているのか。

レッテル貼りや泥仕合、また自分の史観によって都合よく歴史を歪めることをやめて、この問いを、まず正面から引き受けようではないか。

*

私は本来、文藝と音楽の徒で、大東亜戦争の専門家どころかセミプロとも言えない。お読みいただければお分かりのように、本書も、一次史料に基づく研究ではなく、先学の跡をたどたどしく追いかけながら書き上げた。資料の渉猟と理解の浅薄さが批判を免れぬことは覚悟の上だが、それが読者を誤導し、特攻隊の精神を冒瀆しないかを危惧する。

また、映画を取り上げたが、いずれもDVD化される前の執筆であり、科白の正確な引用が叶わなかった。印象に基づく大意の引用であることは、関係各位、読者共々ご容赦願いたい。

*

本書執筆の原点となった『永遠の0《ゼロ》』の著者・百田尚樹氏に感謝する。氏の独創の意義は本文で述べたから再論しないが、最近作『海賊とよばれた男』での百田氏は、一層円熟した歴史との対話へと踏み出している。批評家として、同時代を並走しながら、日本と現代への問いに互いに肉薄してゆければ、これからが楽しみだと思っている。

また映画監督として『永遠の0《ゼロ》』にこの上なく美しく新たな造形を齎した山崎貴氏に敬意を表する。ここまで創造的で精妙な原作の読み込みは、藝術上の手腕だけではなく、思想的なセンスも問われる。私は全く感心し切っているのである。

『風立ちぬ』『終戦のエンペラー』については、それぞれ厳しい批判を加えたが、制作スタッフが力を込めて作った力作であることへの敬意を忘れているわけではない。大東亜戦争という難しい主題に全力で挑戦し、かつ丁寧な仕事ぶりだからこそ、こちらも正面から批判し得たのである。私の立場と違うにせよ、このような全力の取り組みによる大東亜戦争の藝術化や思想的解明の試みの出現が、今後益々増えることを心から願いたい。

個人的な感懐を加えることを許していただけるなら、宮崎駿氏の長編アニメ制作からの引退は率直に言って残念だった。撤回されることはないのだろうか。私の一番好きな氏の作品は『風の谷のナウシカ』と並び『崖の上のポニョ』――あんなにかわいいファンタジーなのにオペラの引用に溢れた実に音楽的な作品なのだ！――であることを告白しつつ、多年の偉大な業績に心からの敬意を表したい。

*

最後に、本書執筆に際して膨大な資料の収集と整理を一手に引き受けてくれた千葉大樹君に感謝申し上げる。また執筆の機会を与えてくださった見城徹社長、前回の『国家の命運　安倍政権　奇跡のドキュメント』同様、期日ギリギリまでの推敲に粘り強く御付き合いくださり、貴重な助言を頂いた小木田順子さんには、いつもながら感謝の言葉もない。見城社長は、おそらく、もう少し映画を見る人たちにとって有益で簡便なガイドブックをイメージしておられたかもしれないが、私の一存で、勝手極まる批評作品にしてしまった。

見城さんには、処女作『約束の日　安倍晋三試論』以来、三作とも、いつも我儘を受け入れていただく一方だ。いずれミリオンセラーでも書かねば恩返しできない始末に立ち至っているのであるが、これればかりは私にはどうにもこうにも、苦笑しつつ立ち往生するしかない……。

平成二十五年十一月二十五日擱筆　　小川榮太郎

参考文献（著者名五十音順）

阿川弘之著『雲の墓標』（新潮文庫）
有賀夏紀著『アメリカの20世紀（上）』（中公新書）
アンドレ・マルロー著、竹本忠雄訳『反回想録』（新潮社）
猪口力平、中島正著『神風特別攻撃隊』（河出書房）
入江隆則著『太平洋文明の興亡―アジアと西洋・盛衰の500年―』（PHP研究所）
江藤淳著『忘れたことと忘れさせられたこと』（文春文庫）
江藤淳著『閉された言語空間―占領軍の検閲と戦後日本―』（文春文庫）
江藤淳著『一九四六年憲法―その拘束　その他―』（文春文庫）
蝦名賢造著『太平洋戦争に死す―海軍飛行予備将校の生と死―』（西田書店）
大石久和著『国土学再考―「公」と新・日本人論―』（毎日新聞社）
岡崎久彦著『重光・東郷とその時代』（PHP文庫）
岡本嗣郎著『終戦のエンペラー―陛下をお救いなさいまし―』（集英社文庫）
桶谷秀昭著『昭和精神史』『昭和精神史（戦後篇）』（文春文庫）
オスヴァルト・シュペングラー著、村松正俊訳『西洋の没落』（五月書房）

海軍飛行予備学生第十四期会編『あゝ同期の桜—かえらざる青春の手記—』（光人社NF文庫）
勝岡寛次著『抹殺された大東亜戦争—米軍占領下の検閲が歪めたもの—』（明成社）
北影雄幸著『特攻十冊の名著』（勉誠出版）
北影雄幸著『外国人が見たカミカゼ』（勉誠出版）
神立尚紀著『特攻の真意—大西瀧治郎 和平へのメッセージ—』（文藝春秋）
児島襄著『東京裁判（上・下）』（中公新書）
児島襄著『太平洋戦争（上・下）』（中公文庫）
児玉誉士夫著『悪政・銃声・乱世—児玉誉士夫自伝—』（廣済堂出版）
小林秀雄著『新訂小林秀雄全集 第七巻』（新潮社）
小堀桂一郎著『昭和天皇』（PHP新書）
（財）特攻隊戦没者慰霊平和祈念協会編『特別攻撃隊全史』（（財）特攻隊戦没者慰霊平和祈念協会）
坂井三郎著『大空のサムライ—かえらざる零戦隊—』（光人社NF文庫）
佐藤優著『日米開戦の真実—大川周明著「米英東亜侵略史」を読み解く—』（小学館文庫）
C・W・ニミッツ＋E・B・ポッター著、実松譲＋冨永謙吾訳『ニミッツの太平洋海戦史』（恒文社）
ジョーゼフ・ハリントン著、妹尾作太男訳『ヤンキー・サムライ』（早川書房）
ダグラス・マッカーサー著、津島一夫訳『マッカーサー大戦回顧録（上・下）』（中公文庫）
知覧高女なでしこ会編『群青—知覧特攻基地より—』（高城書房）
角田和男著『修羅の翼—零戦特攻隊員の真情—』（光人社NF文庫）

特攻─最後の証言─制作委員会著『特攻─最後の証言─』（アスペクト）
豊下楢彦著『昭和天皇・マッカーサー会見』（岩波現代文庫）
中屋健弌訳『太平洋戰爭史』（高山書院）
西鋭夫著『國破れてマッカーサー』（中公文庫）
新渡戸稲造著、矢内原忠雄訳『武士道』（岩波文庫）
白鷗遺族会編『雲ながるる果てに─戦歿海軍飛行予備学生の手記─』（河出文庫）
長谷川三千子著『神やぶれたまはず─昭和二十年八月十五日正午─』（中央公論新社）
秦郁彦著『歪められる日本現代史』（ＰＨＰ研究所）
原勝洋著『写真が語る「特攻」伝説─航空特攻、水中特攻、大和特攻─』（ＫＫベストセラーズ）
半藤一利、保阪正康、中西輝政、戸高一成、福田和也、加藤陽子著『あの戦争になぜ負けたのか』（文春新書）
日暮吉延著『東京裁判』（講談社現代新書）
福田和也著『教養としての歴史　日本の近代（上・下）』（新潮新書）
福田和也著『第二次大戦とは何だったのか』（ちくま文庫）
藤代護著『海軍下駄ばき空戦記─同期の桜たちの生と死─』（光人社ＮＦ文庫）
文藝春秋編『されど、我が「満洲」』（文藝春秋）
文藝春秋編『人間爆弾と呼ばれて─証言・桜花特攻─』（文藝春秋）
文藝春秋編『「文藝春秋」にみる昭和史　第一巻』（文藝春秋）
米国海軍省戦史部編、史料調査会訳編『第二次大戦米国海軍作戦年誌』（出版協同社）

堀辰雄著『風立ちぬ・美しい村』（新潮文庫）
堀越二郎著『零戦―その誕生と栄光の記録―』（角川文庫）
増田弘著『マッカーサー―フィリピン統治から日本占領へ―』（中公新書）
「丸」編集部編『特攻の記録―「十死零生」非情の作戦―』（光人社NF文庫）
村永薫編『知覧特別攻撃隊』（ジャプランブックス）
森史朗著『敷島隊の五人―海軍大尉関行男の生涯―』（光人社）
門司親徳著『回想の大西瀧治郎―第一航空艦隊副官の述懐―』（光人社）
門司親徳著『空と海の涯で―第一航空隊副官の回想―』（光人社NF文庫）
吉田裕著『昭和天皇の終戦史』（岩波新書）
吉本貞昭著『世界が語る神風特別攻撃隊―カミカゼはなぜ世界で尊敬されるのか―』（ハート出版）
若槻泰雄著『戦後引揚げの記録』（時事通信社）
渡部昇一著『東條英機　歴史の証言―東京裁判宣誓供述書を読みとく―』（祥伝社黄金文庫）
渡部昇一著『「日本の歴史」⑦戦後篇「戦後」混迷の時代に』（WAC）
渡部昇一著『「日本の歴史」⑥昭和篇「昭和の大戦」への道』（WAC）
『英霊の言乃葉（1）～（8）』（靖國神社）
『大西瀧治郎』（故大西瀧治郎海軍中将伝刊行会）
『別冊歴史読本 永久保存版　海軍航空隊とカミカゼ 戦記シリーズ52』（新人物往来社）

著者略歴

小川榮太郎《おがわえいたろう》

昭和四十二年生まれ。文藝評論家。創誠天志塾塾長。
大阪大学文学部卒業、埼玉大学大学院修士課程修了。

著書に『約束の日　安倍晋三試論』『国家の命運　安倍政権　奇跡のドキュメント』（ともに幻冬舎）、主要論文に「セルジュ・チェリビダッケ」「福田恒存の『平和論論争』」「川端康成　の『古都』」「ティーレマンの奇跡」「平野啓一郎作、『決壊』――戦後レジームの『決壊』としての、」などがある。

近刊・雑誌掲載情報等はFacebookで発信中。

幻冬舎新書 331

『永遠の0《ゼロ》』と日本人

二〇一三年十二月十日 第一刷発行

著者 小川榮太郎

発行人 見城 徹

編集人 志儀保博

発行所 株式会社 幻冬舎

〒一五一—〇〇五一 東京都渋谷区千駄ヶ谷四—九—七

電話 〇三—五四一一—六二一一(編集)

〇三—五四一一—六二二二(営業)

振替 〇〇一二〇—八—七六七六四三

ブックデザイン 鈴木成一デザイン室

印刷・製本所 中央精版印刷株式会社

日本音楽著作権協会(出)許諾第1314768－301号

検印廃止

Printed in Japan ISBN978-4-344-98332-8 C0295

お-19-1

幻冬舎ホームページアドレス http://www.gentosha.co.jp/

＊この本に関するご意見・ご感想をメールでお寄せいただく場合は、comment@gentosha.co.jp まで。

幻冬舎新書

古森義久
いつまでもアメリカが守ってくれると思うなよ

アメリカに異変が起きている。軍事力を忌避し国防予算を削減させリーダーシップの発揮をためらう。「アメリカが必ず守ってくれる」はもはや夢物語だ。日本人だけが気付いていない真実を緊急警告。

高森明勅
日本の10大天皇

そもそも天皇とは何か？　なぜ現代でも日本の象徴なのか？　125代の天皇の中から巨大で特異な10人を選び、人物像、歴史上の役割を解説。同時に天皇をめぐる様々な「謎」に答えた、いまだかつてない一冊。

小浜逸郎
日本の七大思想家
丸山眞男／吉本隆明／時枝誠記／大森荘蔵／小林秀雄／和辻哲郎／福澤諭吉

第二次大戦敗戦をまたいで現われ、西洋近代とひとり格闘し、創造的思考に到達した七人の思想家。その足跡を検証し、日本発の文明的普遍性の可能性を探る。日本人の精神再建のための野心的論考。

小林よしのり［編］
日本を貶めた10人の売国政治家

ワースト3位＝小泉純一郎。ならば2位、そして1位は!?　国民の財産と生命をアメリカに売り渡し、弱者を切り捨てた売国奴。こんな日本になったのは、みんなこいつらのせいだ！　凶器の言葉を投げつけよ。

幻冬舎新書

小林よしのり　有本 香

はじめての支那論
中華思想の正体と日本の覚悟

国際社会が「チャイナ(シナ)」と呼ぶ中、なぜ日本は「支那」を差別語扱いし自主規制せねばならないのか——この「ウザい隣国」との本質的問題点をグローバリズムから論じた、新しい〝中国〟論。

島田裕巳

なぜ八幡神社が日本でいちばん多いのか
【最強11神社】八幡／天神／稲荷／伊勢／出雲／春日／熊野／祇園／諏訪／白山／住吉の信仰系統

日本の神社の数は約8万社。初詣など生活に密着しているが、そこで祀られる多様な神々について我々は意外なほど知らない。八幡、天神、伊勢など11系統を選び出し、祭神を解説した画期的な書。

福山隆

防衛省と外務省
歪んだ二つのインテリジェンス組織

日本では、軍事情報はアメリカからまず外務省に入る。東アジアの緊張が高まる中、それでは緊急の危機に対応できない。今こそ、二つのインテリジェンス組織を正しく構築しなおすことが急務だ。

石原慎太郎

真の指導者とは

現代社会の停滞と混迷を打開できる「真の指導者」たる者の思考、行動様式とはいったい何か。先達の叡智、言動、知られざるエピソードをもとに、具体的かつ詳細に説き明かす究極のリーダー論。

幻冬舎新書

佐伯啓思
自由と民主主義をもうやめる

日本が直面する危機は、自由と民主主義を至上価値とする進歩主義=アメリカニズムの帰結だ。食い止めるには封印されてきた日本的価値を取り戻すしかない。真の保守思想家が語る日本の針路。

萩野貞樹
旧かなづかひで書く日本語

「このあひだはありがたう」「きのふから雨が降つてゐる」――私たちが日頃使ふ「新かな」よりも洗練され、使ひ勝手もいい「旧かなづかひ」。本書でその基本をおぼえて日本語の美しさを味はひませう。

久坂部羊
日本人の死に時
そんなに長生きしたいですか

あなたは何歳まで生きたいですか? 多くの人にとって長生きは苦しく、人の寿命は不公平だ。どうすれば満足な死を得られるか。数々の老人の死を看取ってきた現役医師による〝死に時〟の哲学。

五木寛之
下山の思想

どんなに深い絶望からも、人は起ち上がらざるを得ない。だが敗戦から登頂を果たした今こそ、実り多き明日への「下山」を思い描くべきではないか。人間と国の新たな姿を示す画期的思想!!